ORA MÁS

Estrésate menos, ORA MÁS

Guía devocional para una vida tranquila para la mujer

Donna K. Maltese

Un Sello de Barbour Publishing

ISBN 978-1-63609-906-4

Título en inglés: *Stress Less, Pray More*

Desarrollo editorial: Semantics, Inc. Semantics01@comcast.net

Publicado por Barbour Español, un sello de Barbour Publishing, Inc, 1810 Barbour Drive, Uhrichsville, Ohio 44683 www.barbourbooks.com

Nuestra misión es inspirar al mundo con el mensaje transformador de la Biblia.

Impreso en China.

Introducción

El estrés, más dominante que nunca en el mundo actual, afecta al doble de mujeres que de hombres. Estamos preocupadas por todo, desde los montones de ropa sucia y las facturas del médico hasta la seguridad laboral y la economía. En medio de todas estas preocupaciones, estamos rodeadas por el ruido de la tecnología y la sobrecarga de información. Pero Dios tiene una solución demostrada: la oración.

Con el propósito de ayudar a las mujeres a transitar su camino a través del estrés y hacia la paz de la presencia de Dios, presentamos esta guía devocional con 180 lecturas y oraciones basadas en esta promesa: «En todo esto tengan en cuenta el tiempo en que vivimos, y sepan que ya es hora de despertarnos del sueño [...]. Dejemos de hacer las cosas propias de la oscuridad y revistámonos de luz, como un soldado se reviste de su armadura» (Romanos 13.11-12 DHH).

Todas las lecturas están pensadas para enseñar a la mujer cómo vivir en la libertad de Dios y refuerza la verdad de que, poniendo su foco en él, puede volver a conectar con el poder y la paz necesarios para vivir una vida más plena de maravillas cada día.

Sigue leyendo para estresarte menos y orar más.

Nuestro camino

«No se turbe vuestro corazón; creéis en Dios, creed también en mí [...]. La paz os dejo, mi paz os doy; yo no os la doy como el mundo la da. No se turbe vuestro corazón, ni tenga miedo».

JUAN 14.1, 27 RVR1960

El estrés no es motivo de vergüenza. Es solo una señal que hay que reconocer y atender. El problema es cuando dejamos que el estrés se apodere de nosotras, intentamos ignorarlo o imaginamos que podemos gestionarlo con nuestras propias fuerzas.

Dios sabía que tendríamos problemas en esta vida, que nos encontraríamos con tensiones que nos provocarían estrés. Pero también nos dio una salida: Jesús. Nuestra fe en él es nuestro camino hacia una paz que no es de este mundo.

Jesús está esperando. Respira hondo. Exhala. Entra en ese lugar secreto donde él habita. Pídele que te cubra con sus alas, que te levante. Que te dé la palabra que necesitas oír, la paz que necesitas inhalar.

Aquí estoy, Señor, renqueante, en tus brazos. Por favor, lléname de tu paz.

En sintonía con Dios

Ponte de nuevo en paz con Dios, y volverás a tener prosperidad. Deja que él te instruya, grábate en la mente sus palabras.

Job 22.21-22 DHH

¿Cuántas veces impedimos que Dios entre en nuestros planes, nos adelantamos a lo que él ha planeado y nos perdemos las bendiciones que Dios está esperando darnos?

Tal vez sea ya hora de dejar de intentar resolver las cosas por nuestra cuenta, pensando que sabemos más que él. Quizá haya que detener en seco nuestros pensamientos y nuestros pies. Este puede ser el día en que hagamos lo que hay que hacer.

Plantéate pasar tiempo en la Palabra y en oración, dejando que Dios te guíe. Debes saber que, con Dios de tu lado, todo está y estará bien. Abre tu mente a la sabiduría y visión que él tiene para ti. Guarda sus palabras en tu corazón. Entonces, y solo entonces, en sintonía con Dios y siguiendo su paso, sigue caminando.

Señor, estoy muy cansada de tratar de hacer todo esto yo sola. Muéstrame lo que tú quieres que haga, sea y vea.

Por encima de las tormentas

Y descendiendo Pedro de la barca, andaba sobre las aguas [...], tuvo miedo; y comenzando a hundirse, [...] dio voces, diciendo: ¡Señor, sálvame! Al momento Jesús, extendiendo la mano, asió de él.

Mateo 14.29-31 RVR1960

A veces, el estrés es como una tormenta que arrecia por dentro y por fuera, que desvía poco a poco nuestra atención de Dios. Entonces, cuando de repente nos damos cuenta de que ya no tenemos los ojos puestos en él y nuestros oídos están sordos a su voz, empezamos a hundirnos. Eso es así porque estamos mirando las olas y no a Jesús. Estamos escuchando el aullido del viento y no al Santo Susurrador. Antes de darnos cuenta, el miedo ha suplantado a nuestra fe y corremos el peligro de ahogarnos.

¿Cuál es el remedio? Hacer que Jesús sea, por encima de todo, lo que atrae tu atención. Fija tus ojos en Aquel que camina sobre el agua. Mantén tus oídos abiertos a su Palabra. Así, surcarás con éxito las tormentas internas y externas.

Jesús, ayúdame a mantenerte en el primer plano de mi corazón y de mi mente, porque solo tú eres mi refugio seguro.

Mira bien por dónde vas

Mira siempre hacia adelante, fija tu mirada en lo que está frente a ti.

Proverbios 4.25 PDT

Una de las cosas que provocan estrés en una mujer es no vivir en el momento. Se pregunta por todos los «y si...». La consume pensar en todo lo que pasará mañana. Y en todos los «podrías», «querrías» y «deberías» de ayer. Pero preocuparse por el futuro y darle vueltas al pasado solo sirve para arruinar su presente. No solo eso, sino que esas desviaciones del ahora también te auguran una caída importante porque sus ojos han abandonado el camino trazado para ella.

Lo más conveniente es desechar todos esos factores de estrés. Concentrarse en ir paso a paso, sabiendo que Dios tiene el propósito de que todas las cosas ayuden para su bien, sin preocupaciones. Simplemente caminar por la vereda de la fe y dejar que venga todo lo demás.

Señor, dame sabiduría para vigilar mi camino, sabiendo que tú ya has ido delante de mí y has hecho el camino seguro para mis pies, y para mi corazón.

Fuerza para el viaje

«Levántate y come,
porque largo camino te resta».
1 Reyes 19.7 rvr1960

Incluso las personas más fieles a Dios pueden encontrarse estresadas. Piensa en Elías. Después de su victoria con Dios, Elías recibió un mensaje amenazador de Jezabel. En lugar de esperar una palabra de Dios, el profeta corrió para salvar su vida. Más de 150 kilómetros después, Elías se sentó bajo un árbol, pidió a Dios que le quitara la vida y se durmió.

Dios respondió enviando a Elías un ángel que le tocó, le dijo: «Levántate y come», y le dio pan y agua, confiriendo a Elías fuerzas suficientes para sus siguientes pasos.

Cuando te sientas bajo amenaza, acuérdate de Dios y de lo que ha hecho por ti una y otra vez. Aprovecha la seguridad de que nada puede resistir su poder. Espera que venga su palabra. Pero si ya te encuentras huyendo, recuerda que él proveerá para ti sin importar a dónde vayas. Descansa en él, él te dará esperanza y fuerza para los pasos siguientes.

Gracias, Señor, por proveer
para mí sin importar a dónde vaya.

Su historia

Elías, ¿por qué estás aquí?
1 Reyes 19.9 PDT

En Horeb, el monte de Dios, Elías llega a una cueva y acampa. Allí Dios le pregunta dos veces: «¿Qué haces aquí?». Elías le cuenta a Dios, también dos veces, su historia. Cómo ha estado luchando para Dios, sin que a los israelitas parezca importarles. Otros profetas han sido asesinados y ahora el pueblo quiere matarlo a él, ¡el único de los profetas de Dios que queda!

Sin embargo, Dios conoce la verdadera historia, la suya. Él sabe que quedan más profetas (ver 1 Reyes 18.4). Que la única que lo ha amenazado es Jezabel. Que Elías parece haber olvidado anteriores actos poderosos de Dios.

Cuando sustituimos la historia de Dios por la nuestra, en nuestras cabezas solo resuena la desesperación. Es así porque nuestros sentimientos han usurpado la verdad de Dios. La historia que tenemos en nuestra mente se superpone sobre la historia de Dios para nuestras vidas. Es entonces cuando sabemos que ha llegado el momento de cambiar nuestros pensamientos y volver a la verdadera historia.

Señor, ayúdame a centrarme en tu historia para mi vida.

Un corazón para oír

Llegó a él una voz que le decía:
«¿Qué haces ahí, Elías?».
1 Reyes 19.13 DHH

No contento con la versión inicial de Elías, Dios le dice que salga de su cueva y se pare en la montaña. Llega un fuerte viento que rompe las rocas. Pero Dios no está en el viento. Luego un terremoto, pero Dios sigue sin estar ahí. Luego un fuego, pero Dios sigue sin estar ahí. Después del fuego, en el silencio que queda, llega una voz suave. Un susurro. Es entonces cuando Elías sale de la cueva, todavía escondiéndose de Dios, tapándose el rostro con la manto. Mientras Elías está allí, Dios le pregunta de nuevo: «¿Qué haces ahí?». Y Elías repite su relato de aflicción y desesperación.

Dios te pide que tengas un corazón abierto a su mensaje. Que te pares ante él con valentía. Que escuches con calma. Cuando lo hagas, oirás su suave voz en el silencio de tus días.

Señor, ayúdame a tener un corazón abierto a tu mensaje mientras vengo ante ti sin miedo, para escuchar con calma tu susurro.

Volver atrás

«Anda, regresa por donde viniste al desierto».

1 Reyes 19.15 DHH

Dios ordena a Elías que regrese por donde había venido. Eso pondría cada vez menos distancia entre él y las amenazas de Jezabel, la malvada reina (y esposa de Acab, rey de Israel) de la que acababa de huir. Una vez allí, las órdenes de Elías fueron, entre otras, ungir a Jehú como nuevo rey de Israel.

Tarde o temprano, nos enfrentaremos a circunstancias en las que nos sentiremos amenazadas. Cuando cedemos a nuestra carne, podemos huir con miedo y desesperación, solo para descubrir más tarde que, tras redescubrir a Dios y escuchar sus instrucciones, tenemos que regresar y hacer frente a la situación. Es entonces cuando debemos centrarnos en que Dios tiene la sartén por el mango en cualquier situación, que él proveerá para nosotras mientras estamos de vuelta en el desierto, y que nos ayudará a encontrar el valor para enfrentarnos a lo que nos asustó en primer lugar.

Tengo mis ojos puestos en tu poder, Señor.
Ayúdame a afrontar lo que me espera.

Jesús a bordo

Entonces se sintieron contentos de subirlo a la barca, e inmediatamente llegaron al lugar a donde querían ir.
JUAN 6.21 PDT

Después de que Jesús se fuera a una montaña a orar, sus discípulos decidieron volver a casa cruzando el mar. Así que se subieron a una barca y empezaron a remar. Cada vez estaba más oscuro y Jesús seguía sin aparecer. Mientras tanto, las cosas se complicaban con un fuerte viento que levantaba las olas. Después de esforzarse para remar por tres o cuatro millas, los discípulos vieron de repente a alguien que caminaba sobre el agua cerca de ellos. Su imaginación se desbocó y tuvieron mucho miedo. Entonces Jesús calmó sus temores, diciendo: «¡Soy yo! No tengan miedo» (v. 20 PDT).

Cuando estés agarrando los remos, sé valiente y mantén los ojos abiertos para Jesús. Cuando lo veas, invítalo a subir a bordo. Antes de que te des cuenta, verás que alcanzas aquello por lo que te esforzabas.

¡Oh poderoso Navegante de mi vida,
llévame hacia la orilla por la que lucho!

Mantener la calma

«Ustedes tendrán noticias de que hay guerras aquí y allá; pero no se asusten, pues así tiene que ocurrir; sin embargo, aún no será el fin».
MATEO 24.6 DHH

Hoy en día, el mero hecho de escuchar las noticias puede suponer un importante factor de estrés. Oyes hablar de guerras entre naciones, y dentro de las naciones. Luego están las guerras contra las drogas, el tráfico sexual, los opiáceos, etc. Esto basta para descorazonar hasta al más estoico de los oyentes.

Sin embargo, Jesús te dice que no temas. Que mantengas la calma. Que las cosas son así. Mientras tanto, ¿qué hacer para seguir tranquila y adelante?

Una solución es limitar tu exposición a las noticias. Busca un nivel que te resulte tolerable y mantenlo. Otra es orar por todos los implicados en las guerras. Sobre todo, sustituye esas preocupaciones del mundo por la sabiduría de Dios. Ora y memoriza versículos de la Biblia que te ayuden a mantenerte por encima de la contienda. Para empezar, aquí tienes una:

«¡Tú guardarás en perfecta paz a todos los que confían en ti, a todos los que concentran en ti sus pensamientos!». [Isaías 26.3 NTV]

Confía y ora

Confía de todo corazón en el Señor y no en tu propia inteligencia. Ten presente al Señor en todo lo que hagas, y él te llevará por el camino recto.

Proverbios 3.5-6 DHH

Una forma segura de alejar el estrés de tu vida es confiar en Dios. Confía desde lo más profundo de tu ser: mental, física, emocional y espiritualmente. Cree en sus promesas, que él hace que todas las cosas ayuden a bien. Que él te ama más que nadie que conozcas. Que tiene un plan para tu vida. Que te cubre las espaldas, pero también la frente.

No dependas de ti misma ni de tus propias ideas finitas. Más bien, depende de Aquel que es parte del infinito mismo, que ve un camino más allá de las apariencias e impresiones. Que conoce tu futuro y tu pasado.

Ora. Cuéntale a Dios lo que está pasando. Pídele que hable. Luego escucha lo que dice. Haz lo que él te diga que hagas. Ora más, estrésate menos.

Señor, aquí estoy. Dime qué tengo que hacer.

En busca de aprobación

Queda claro que no es mi intención ganarme el favor de la gente, sino el de Dios. Si mi objetivo fuera agradar a la gente, no sería un siervo de Cristo.

GÁLATAS 1.10 NTV

Abraham Lincoln dijo: «Puedes complacer a algunos todo el tiempo, puedes complacer a todos parte del tiempo, pero no puedes complacer a todos todo el tiempo». Sin embargo, eso es exactamente lo que a veces intentamos hacer. Y, en el proceso, acabamos estresándonos, porque complacer a todo el mundo es un objetivo inalcanzable. Buscamos amor y aprobación donde no debemos. Pero ¿qué puede hacer una chica?

Busca tan solo la aprobación de Dios. No te preocupes por lo que digan o hagan los demás. Es a él a quien quieres complacer. En él te sientes segura. Es él quien te ama más allá de toda medida, quien te ha creado por una razón específica. Así que haz que él sea el número uno en tu vida, busca vivir solo para él.

Espero agradarte, Señor, en todo lo que digo, pienso y hago. ¡Muéstrame cómo servirte!

Síguele

Levantándose muy de mañana, siendo aún muy oscuro, salió y se fue a un lugar desierto, y allí oraba.
Marcos 1.35 RVR1960

Jesús se enfrentó a muchas facciones políticas y religiosas diferentes. Estaba presionado por multitudes que buscaban sanidad física, emocional, mental y espiritual. Estaba enseñando y formando a discípulos que no parecían progresar adecuadamente. Fue presionado por Satanás, que intentaba desviarlo de su misión. En su propia ciudad —incluso en su familia— se encontró con personas que o bien no le creían o bien querían que mostrara su identidad antes de tiempo.

Sin embargo, a pesar de todas las cosas a las que se enfrentaba, Jesús nunca entró en pánico, sino que mantuvo la paz. ¿Cómo? Se iba solo y buscaba a su Padre Dios. Dejaba a la multitud y se iba a un lugar desierto y solitario. Algún lugar apartado donde pudiera encontrarse con Dios a solas en la tranquilidad de las horas de la mañana.

Síguele.

Señor, vengo a ti ahora, sola, buscando tu rostro.

Opciones

Pero Josafat también le dijo al rey de Israel:
—Antes que nada, consultemos al Señor.
1 Reyes 22.5 NVI

El rey Acab quería recuperar algo de territorio. Pero Josafat, rey de Judá, no dio un paso hasta que pidió consejo al Señor.

Cuando tomamos decisiones sin consultar primero al Señor —o, peor aún, cuando hacemos cosas en contra de su consejo—, podemos terminar no solo sintiéndonos estresadas, sino también encarando la ruina. Así que, para tener menos estrés en tu vida, sé como el sabio Josafat. Busca el consejo de Dios antes de decidir. Ora: «Señor, hazme conocer tus caminos; y enséñame tus sendas. Encamíname en tu verdad. Y enséñame, porque tú eres mi Dios y mi salvación. ¡En ti pongo mi esperanza todo el día!» (Salmos 25.4-5 NVI).

Debes saber que Dios te dará toda la sabiduría que necesites para donde te encuentras y evitará que tropieces en tu camino (ver Salmos 25.14–15).

Dame luz para mi camino, Señor.
No daré un paso hasta que tú hables.

El lado positivo

Cuando tengan que enfrentar cualquier tipo de problemas, considérenlo como un tiempo para alegrarse mucho.

SANTIAGO 1.2 NTV

Todos nos encontramos a veces atravesando días oscuros, buscando a tientas una salida. Pero estos momentos tienen su lado positivo: cuando somos puestos a prueba, salimos mejor y más fuertes que antes.

Pensemos en el héroe del Antiguo Testamento, José, que fue arrojado a un pozo, vendido a mercaderes y encarcelado injustamente. Sin embargo, llegó a convertirse en el número dos de Egipto. ¿Por qué? Porque sucediera lo que le sucediera, acabara donde acabara, tenía fe en que «el Señor estaba con él y hacía que todo le saliera bien» (Génesis 39.23 DHH).

Aunque no estés donde te gustaría, no te estreses por ello. Solo ten fe. Debes saber que Dios está contigo. Él está construyendo tu resistencia, sacando lo mejor de ti, formándote para los siguientes pasos mientras te prospera ahí donde estás.

Señor, ayúdame a encontrar gozo dondequiera que acabe, sabiendo que tú estás ahí, ayudándome no solo a sobrevivir, sino también a prosperar.

Mirar hacia arriba

Avanzo hasta llegar al final de la carrera para recibir el premio celestial al cual Dios nos llama por medio de Cristo Jesús.

FILIPENSES 3.14 NTV

Dios nos ha dado una visión para nuestras vidas. Nos extendemos hacia el premio que nos espera, aquel al que Jesús nos llama. Tenemos algo por lo que luchar.

Así pues, no tenemos por qué quedar atrapadas en el ciclo de las malas noticias. No debemos perder la esperanza. Podemos elegir ver a Dios ante nosotras, sentir el cálido aliento de Jesús sobre nosotras, oír la voz del Espíritu en nuestro interior, guiándonos, diciéndonos que mantengamos la calma.

¿Has tenido los ojos pegados al piso? ¿Vas arrastrando los pies? ¿Tienes la barbilla clavada en el pecho? Mira lo que Dios está haciendo. Mantén tus ojos en su premio celestial. Debes saber que Dios tiene un propósito para tu vida y que él iluminará cualquier oscuridad que se te presente.

Mis ojos están puestos en ti, Jesús. Camino en tu luz, sintiendo tu aliento, oyendo tu voz.

No saber

No tenemos fuerza para enfrentar a semejante ejército que se nos viene encima. No sabemos qué hacer y por eso nuestros ojos están fijos en ti.

2 Crónicas 20.12 PDT

Dios se conmueve cuando somos humildes, cuando admitimos que no tenemos ni idea de qué hacer, pero buscamos en él ayuda, sabiduría, guía y dirección. Al mismo tiempo, admitir que no sabemos qué hacer nos libera de toda la presión. De hecho, gran parte de nuestra fuerza reside en creer a Dios. ¡Qué alivio que no necesitemos tener todas las respuestas! Qué maravilloso es admitir —incluso ante nuestros cónyuges, hijos y amigos si es necesario— que no sabemos qué es lo siguiente que tenemos que hacer, pero que esperamos a Dios.

Debes saber que Dios siempre te sacará adelante, por muy mal que parezcan estar las cosas. Él se encargará de todo lo que venga contra ti. Él te sacará de cualquier crisis en la que te encuentres.

Gracias, Dios, porque no necesito tener todas las respuestas, ¡porque tú las tienes para mí!

Terreno llano

Luego Jesús empezó a decirles a los judíos que habían creído en él: —Si ustedes siguen obedeciendo mi enseñanza, serán verdaderamente mis seguidores. Conocerán la verdad, y la verdad los hará libres.

JUAN 8.31-32 PDT

Que nuestro mundo —el interior y el exterior— tiemble puede hacer que nos tambaleemos. Pero Dios nos da soluciones. Nos ayuda a ser resistentes, a absorber los golpes, a mantenernos firmes bajo presión.

La Palabra de Dios nos dice una y otra vez que no tengamos miedo. Él nos ha bendecido con la vía de la oración. Nos invita y nos anima a permanecer en él, prometiéndonos que cuando andamos en su verdad, cuando creemos en su Palabra con todo nuestro corazón, mente, cuerpo y alma, somos liberadas de los pecados que nos atrapan, de las preocupaciones que nos estresan. De ese modo descubrimos que su amor se extiende ante nosotros y que nuestros pies pisan terreno llano (ver Salmos 26.3, 12).

En ti hallo mi libertad, Señor Jesús.

Ojos iluminados por la fe

«Fue Dios quien me envió aquí, no ustedes».
GÉNESIS 45.8 NVI

El José del Antiguo Testamento podría haberse considerado fácilmente una víctima de sus circunstancias y de sus seres queridos. Podría haber culpado a sus hermanos por arrojarlo a un pozo y venderlo. Podría haber culpado a Potifar y a su esposa por su encarcelamiento. Podría haber culpado al panadero y al copero por dejarlo con sus sueños en la oscura mazmorra. Pero nunca lo hizo. En cambio, perseveró, creyendo que Dios, el Gobernante del universo, estaba con él, lo protegería y convertiría sus pruebas en triunfos. Y así lo hizo.

¿Cómo cambiaría tu perspectiva si fueras consciente de que todas las cosas, personas y situaciones —tanto las maravillosas como las horribles— forman parte del plan de Dios para tu vida y que él estará contigo en todo? Solo a través de unos ojos iluminados por la fe podrás ver la mano bondadosa de Dios en la oscuridad del mundo.

Gracias, Dios, por hacer tu buena voluntad en todas las cosas y por estar conmigo en todo.

Respira

El Espíritu de Dios me creó y el aliento del Todopoderoso me dio vida.
Job 33.4 PDT

¿Qué hacer cuando se ha activado el botón de huida, lucha o parálisis y el estrés se ha apoderado de una? ¿Cuando no consigues orientarte y necesitas calmarte?

Haz una pausa. Toma conciencia de lo que te ocurre mental, física, espiritual y emocionalmente. Recuérdate a ti misma que Dios está contigo. A continuación, mediante varias inhalaciones profundas, vuelve a conectar con la Fuente de toda la creación. Vincúlate con el Dios que te insufló vida, como se la insufló a Adán (ver Génesis 2.7). Encuentra el camino de vuelta a Jesús, que insufló la Palabra de vida en sus seguidores (ver Juan 20.22). Recita las palabras de Dios: «¡Quédense quietos y sepan que yo soy Dios!» (Salmos 46.10 NTV). Antes de que te des cuenta, te sentirás conectada con el Espíritu Santo (que, en hebreo, es *ruaj*, que significa «viento» o «aire en movimiento»).

Señor, en este respirar vengo a ti. Por favor, trae paz a mi alma y a mi espíritu.

Pausas poderosas

El Señor es mi luz y mi salvación.
¿A quién temeré?
Salmos 27.1 NVI

El escritor de novelas de misterio Arthur Somers Roche escribió: «La preocupación es una fina corriente de temor que discurre por la mente. Si se fomenta, corta un canal en el que se drenan todos los demás pensamientos». Pero Dios quiere que lo mires a él, que confíes en él, que obtengas de él tu fuerza, tu confianza y tu valor. La clave está en hacer una pausa cuando te sientas inquieta. Controla tus emociones. Acéptalas como lo que son: un mero reflejo de lo que piensas.

A continuación, toma conciencia de lo que piensas. Si tu diálogo interior es contrario a lo que Dios quiere que creas, sustitúyelo por su verdad. Después elige poseer y vivir esa verdad. No solo en ese momento, sino en todo momento, día tras día. Al formar el hábito de reemplazar tu ruido interno con la verdad de Dios, pronto estarás en su longitud de onda, viviendo la vida que él ha planeado para ti.

Hago una pausa, Señor, para aceptar mis sentimientos, poner mis pensamientos en sintonía con los tuyos y vivir en tu verdad.

Una cosa

«Marta, Marta, afanada y turbada estás con muchas cosas. Pero solo una cosa es necesaria; y María ha escogido la buena parte, la cual no le será quitada».

LUCAS 10.41-42 RVR1960

Cuanto más nos preocupamos, menos oramos. Y cuanto más oremos, menos nos preocuparemos. Entonces, ¿por qué no oramos? Pero no se trata de orar la misma oración una y otra vez. Ni de leer el mismo devocional de siempre. Ni de repetir el mismo salmo de siempre. Más bien, busca nuevas ideas, palabras, libros, versículos. ¿Por qué no te imaginas a los pies de Jesús, olvidándote de todas las tareas pendientes?

Entregas tu tiempo a mucha gente, ¡a veces más del que tienes para dar! Pero ¿cuánto de tu tiempo le concedes a Dios? Haz balance y detente. Siéntate. Escucha bien. Elige la parte buena: estar a los pies de tu Maestro. Dedícale esos preciosos momentos, y él te dará paz en tu mente, cuerpo, corazón, espíritu y alma.

Señor, aquí estoy. A tus pies.
Recostada en tu presencia.

Practicar la verdad

Si decimos que estamos unidos a él,
y al mismo tiempo vivimos en la oscuridad,
mentimos y no practicamos la verdad.

1 JUAN 1.6 DHH

Se atribuye a Winston Churchill la frase: «Los hombres tropiezan de vez en cuando con la verdad, pero la mayoría se levantan y salen corriendo como si nada». Aunque esta cita pueda parecer en principio una tontería, tiene algo de verdad.

¿Cuántas veces Dios te ha señalado una verdad, una que mejoraría tu camino en esta vida, pero después, tras el momento inicial de reconocimiento, has seguido caminando como siempre, dejando que la vida te lleve como si nunca hubieras tropezado con la verdad?

Dios quiere que caminemos con Jesús. Cuanto más caminemos en su verdad, más luz habrá para el camino que tenemos ante nosotras y menos estrés y tropiezos encontraremos.

¿Qué verdad te pide Dios que practiques?

Señor, muéstrame la verdad
en la que quieres que viva y camine.

De corazón a corazón

Mi corazón ha dicho de ti: Buscad mi rostro.
Tu rostro buscaré, oh Jehová.
SALMOS 27.8 RVR1960

Dios quiere que busques su rostro, porque él sabe que, cuando lo hagas, tu corazón, mente y espíritu tendrán el enfoque que les corresponde. Encontrarás su paz, su fuerza, su camino. Estarás más en sintonía con su voluntad para ti porque habrás mirado hacia él incluso antes de poner un pie fuera de la puerta o meter el dedo del pie en el agua.

Tu espíritu necesita la presencia de Dios igual que tu cuerpo necesita aire, comida y agua. Dios está deseando oír tu voz. Prepárate para esa charla de corazón a corazón que te dará energía para tu día. Busca. Habla. Escucha. Luego, camina.

Aquí estoy, Señor, me presento ante ti, busco tu presencia, respiro tu Espíritu, bebo de tu luz, me alimento de tu sabiduría. Muéstrame tu camino.

Siempre ahí

El Señor es mi luz y mi salvación [...]. No tendré miedo aunque todo un ejército me rodee. Confiaré en Dios aunque me declaren la guerra.

Salmos 27.1, 3 PDT

Toda mujer quiere un lugar al que poder correr y esconderse cuando las cosas se complican. Un lugar donde reponer fuerzas, recuperar la compostura antes de decir o hacer algo de lo que sabe que se arrepentirá. Por supuesto, la mujer que anda en el Camino sabe que ese lugar está en Dios, que es su baluarte. Ella sabe que él siempre está ahí esperando para ayudarla, para fortalecerla, para colmarla de amor, paz, alegría y confianza, para darle el poder de hacer todo lo que él la llama a hacer.

¿Cómo llega a ese lugar? Haciendo una pausa mental y emocional. Profundizando en nuestro interior para encontrar su presencia, luz, calor y seguridad. Pasando todo el tiempo que sea necesario en ese lugar. Y entonces, y solo entonces, avanzando en su nombre.

Contigo en mi vida, en mi corazón, nada temo. Tú, Señor, eres mi todo en todo.

Los ángeles, nada extraño

Él dará orden a sus ángeles para que te protejan
a dondequiera que vayas.
Ellos te levantarán con sus manos.
SALMOS 91.11-12 PDT

No es extraño el encuentro entre mujeres y ángeles en la Biblia. Un ángel encontró a Agar cuando huía de Sara y le dijo que regresara y se sometiera; ella obedeció, y su hijo llegó a ser líder de muchas naciones. Unos ángeles rescataron a la mujer de Lot de la ira de Dios contra Sodoma, pero no pudieron rescatarla de su mirada atrás; cuando cedió a su añoranza del pasado, se convirtió en una estatua de sal. Un ángel se apareció a la mujer estéril de Manoa, y le dijo que se cuidara porque pronto tendría un hijo. El ángel Gabriel se acercó a María y le dijo que no temiera, que el Señor estaba con ella, que pronto tendría un hijo y que no hay nada imposible para Dios. Tras la crucifixión de Jesús, un ángel dijo a sus seguidoras que no tuvieran miedo. ¡Jesús vive!

Descansa tranquila y segura. Los ángeles de Dios velan por ti.

Gracias, Señor, por tu protección celestial.

Contrapesos

«Oh, cuánto alaba mi alma al Señor. ¡Cuánto mi espíritu se alegra en Dios mi Salvador! Pues se fijó en su humilde sierva [...]. Pues el Poderoso es santo y ha hecho grandes cosas por mí [...]. ¡Su brazo poderoso ha hecho cosas tremendas!».

LUCAS 1.46-49, 51 NTV

Se ha demostrado que llevar un diario de agradecimientos reduce el estrés. Esto se debe a que las personas que cuentan sus bendiciones se centran más en la bondad de las cosas. Estos «contrapesos» contrarrestan de forma natural el estrés, haciendo que las que cuentan las bendiciones sean más resistentes y más capaces de enfrentarse a cualquier cosa.

¿Cuándo fue la última vez que le diste gracias a Dios? ¿Por qué lo hiciste? ¿Cómo puedes hacer que contar tus bendiciones forme parte de tu rutina habitual?

Plantéate, antes de irte a la cama por la noche, hacer una lista de al menos cinco cosas por las que estás agradecida. Eso no solo te convertirá en una persona más optimista, contenta y alegre, sino que te ayudará a dormir mejor.

Señor de mi vida, mi corazón se alegra en ti mientras mis labios te dan gracias.

Una cosa sencilla

«Ustedes no verán viento ni lluvia [...], pero este valle se llenará de agua. Habrá suficiente [...], pero eso es algo muy sencillo para el SEÑOR, *¡porque él les dará la victoria».*

2 REYES 3.17-18 NTV

Te enfrentas a ello sin saber qué hacer. No tienes ni idea de lo que Dios pueda hacer.

Pero tengo una buena noticia: Dios tiene un plan. Uno que ni siquiera puedes empezar a imaginar. Lo único que debes recordar, en lo que debes confiar, es que lo que parece una tarea imposible, un problema insuperable, una situación increíble, no es nada para Dios. Para él, es «algo muy sencillo». Él te dará la victoria. ¿Cuál será tu papel? Recordarte a ti misma que Dios tiene el control y confiar en Aquel para quien la solución sea algo sencillo.

«Al día siguiente [...] ¡de repente apareció agua! [...] pronto hubo agua por todos lados» (v. 20 NTV).

Sé que tú lo resolverás todo, Señor. Así que aquí estoy, dejando esta «cosa sencilla» en tus manos.

Marinos comprometidos

Pon todo lo que hagas en manos del Señor,
y tus planes tendrán éxito.
Proverbios 16.3 ntv

El filósofo romano Lucio Anneo Séneca dijo: «Si un hombre no sabe a qué puerto se dirige, ningún viento le es favorable». Eso es suficiente para hacer que una mujer se detenga y piense en sus planes.

Cuando no tenemos el foco puesto en dónde creemos que Dios quiere que vayamos, sentimos que no llegamos a ninguna parte. Esta falta de dirección puede provocar estrés, el mismo que puede sentir un marinero cuando parece que no hace más que vagar por los océanos, intentando no naufragar en una tormenta y sintiéndose perdido sin ningún puerto seguro a la vista.

Sabes que Dios tiene un propósito para tu vida. Ten la seguridad de que mientras pongas todo lo que estás haciendo en sus manos —dejándole los resultados a él y solo a él—, no solo disminuirá tu estrés, sino que además Dios hará que tus planes tengan éxito.

Señor, te pido que me ayudes a navegar por estas aguas. Te encomiendo todos mis planes y obras.

Aferrarse con fuerza

Cuando alguna vez dije: «Mis pies resbalan», tu amor, Señor, vino en mi ayuda. En medio de las preocupaciones que se agolpan en mi mente, tú me das consuelo y alegría.

Salmos 94.18-19 DHH

Nada de esta semana, mes o año ha salido bien. Por mucho que lo intentes, nada parece salirte bien. No solo estás estresada, sino que además te sientes impotente, como si te estuvieras cayendo y no hubiera nadie esperando abajo para atraparte.

Cuéntale a Dios cómo te sientes, bajo cuánta presión estás, cuán sola y desesperanzada te sientes. En cuanto lo hagas, él te agarrará y te sujetará con fuerza. Te calmará, te abrirá los ojos a las bendiciones que te rodean y te devolverá la sonrisa.

¿A qué esperas? Benefíciate de Aquel que te ha elegido y ha prometido caminar contigo, hablarte como a una amiga. Ese que nunca jamás te abandonará.

Jesús, me siento como si me resbalara y cayera. Agárrame. No me sueltes jamás.

Porque...

«Así que no tengan miedo; para Dios ustedes son más valiosos que toda una bandada de gorriones».

MATEO 10.31 NTV

En la Biblia, Dios le dice constantemente a su pueblo que esté tranquilo, que se tome un descanso del estrés y la tensión cotidianos, que salga de este mundo de locos y venga a conocerlo a él (ver Salmos 46.10). Pero a veces parece que, antes de poder hacerlo, tenemos que aceptar que Dios nos ama y nos valora tal como somos. El pastor y escritor Max Lucado lo expresa así: «Eres valioso porque existes. No por lo que haces o has hecho, sino simplemente porque eres».

Deja que tu estrés se desvanezca a medida que pasas tiempo en la presencia de Dios hoy, consciente de que no hay nada que debas hacer para validarte ante él. Puedes tener la mejor relación con tu Creador simplemente estando con él y sabiendo que él te ama solo por ser tú.

Gracias, Señor, por amarme tal como soy.

Cosecha las alegrías

Busquemos la manera de ayudarnos unos a otros a tener más amor y a hacer el bien. No dejemos de asistir a nuestras reuniones, como hacen algunos, sino animémonos unos a otros.

HEBREOS 10.24-25 DHH

El estrés puede afectarnos mental, física y emocionalmente. Una forma de seguir felices y sanas en todas esas áreas es relacionarnos con personas de ideas afines, es decir, otros cristianos. ¡Y donde mejor que en la iglesia! Reuniéndose para adorar con otros creyentes. Busca o forma un ministerio que alimente una pasión que tengas. Tal vez un grupo de punto que haga chales de oración, uno para tejer cobijas, uno de cocina que ayude en comedores sociales, uno de jardinería que bendiga al azar en los patios de los vecinos.

Antes de darte cuenta, estarás alejándote de los campos estériles del estrés y forjando un nuevo terreno en el que podrás cosechar las alegrías de servir y animar a los demás.

Muéstrame, Señor, qué pasión puedo perseguir de modo que al mismo tiempo pueda servir a los demás, ¡en tu amor y en tu nombre!

Una carcajada como Dios manda

Buen remedio es el corazón alegre,
pero el ánimo triste resta energías.
PROVERBIOS 17.22 DHH

Son muchas las fuentes de noticias que pugnan por nuestra atención. El presentador nos dice que tenemos la guerra encima o muy próxima. La radio emite el último tiroteo. El meteorólogo nos avisa del próximo huracán, sequía, terremoto, inundación o tormenta de nieve. El periódico informa las últimas noticias de la policía. El celular actualiza el nivel de amenaza terrorista. La vecina nos cuenta la ruptura de la pareja de la esquina. Antes de darnos cuenta, estamos asfixiadas bajo un aluvión de malas noticias.

Date un respiro. Pon la tele en silencio. Apaga la radio. Olvídate del tiempo. Guarda el periódico. Apaga el teléfono. Cierra la puerta de casa. Y ve un programa de humor o una película que te haga reír de verdad. Permite que el don de la risa de Dios te sane, te saque del estrés y te lleve a su santa alegría. ¡Concédete una carcajada como Dios manda!

Señor, estoy atrapada en una rutina
de malas noticias. Ayúdame a
concentrarme en tu alegría sanadora.

Fe, amor y esperanza

Damos siempre gracias a Dios por todos vosotros [...] acordándonos sin cesar [...] de la obra de vuestra fe, del trabajo de vuestro amor y de vuestra constancia en la esperanza en nuestro Señor Jesucristo.

1 Tesalonicenses 1.2-3 RVR1960

Las oraciones de los que nos han precedido están continuamente delante de Dios (ver Apocalipsis 5.8; 8.3). Y las oraciones de nuestros seres queridos se nos adhieren como un chicle en una acera caliente. Como dijo Abraham Lincoln: «Recuerdo las oraciones de mi madre y siempre me han seguido. Se han aferrado a mí toda mi vida».

No solo tienes el poder de la oración para cubrir a tus seres queridos, sino que hombres santos, como el apóstol Pablo, han usado su poder de oración para cubrirte a ti. Que eso te anime. Debes saber que, debido a tu fe, están sucediendo y sucederán grandes cosas en tu vida. Que otros están agradecidos por tus trabajos de amor.

Relájate y disfruta de la atemporalidad de la fe, el amor y la esperanza.

Gracias, Jesús, por la fe, el amor, y la esperanza con que me bendices.

Pon orden

Pues Dios no es Dios de desorden sino de paz.
1 Corintios 14.33 ntv

Tienes un compromiso el sábado, una fiesta de cumpleaños de un niño. Tienes el regalo, el envoltorio y la tarjeta, pero no encuentras la invitación. Te da vergüenza llamar a la anfitriona y preguntarle a qué hora tienes que presentarte. Así que te pasas tres días poniendo tu casa patas arriba. Al final llamas a otra amiga que va a ir, esperando que no haya perdido su invitación. No lo ha hecho, así que te dice cuándo ir y vas. El lunes siguiente encuentras la invitación bajo un montón de papeles en tu mesa. ¡Argh!

¿No te ha ocurrido nunca esto o algo parecido? Si es así, ha llegado el momento de poner orden en tu bolso, escritorio, oficina o casa. Así evitarás sufrir estrés por el desorden y facilitarás tus días con un poco de la paz del orden.

Ayúdame, Señor, a detener y ordenar mi vida de vez en cuando. Sé que hacerlo será tiempo empleado en una conveniente búsqueda de paz.

Ver los árboles

«Ahora pregunta a los animales, y que ellos te instruyan, y a las aves de los cielos, y que ellas te informen. O habla a la tierra, y que ella te instruya, y que los peces del mar te lo declaren».

Job 12.7-8 NBLA

Dios quiere que salgas, que observes la creación, que aprendas sus lecciones, que respires su belleza, que alabes su presencia, que le permitas hablar. Aunque parezca increíble, contemplar árboles —cuantos más, mejor— aliviará tu estrés. Tanto hacer ejercicio entre las ramas como contemplarlas rebajará tu tensión y te levantará el ánimo. Qué Dios tan asombroso tienes, que te ha dado una forma tan sencilla de reducir el estrés.

Tanto si vives en la ciudad como en el campo, busca un árbol, o tres o más. Recorre el camino hasta el suelo de un bosque. O simplemente contempla algunos árboles desde tu ventana. Respira hondo. Alaba a Dios por la belleza de los árboles y su poder para levantar el ánimo. Contempla los árboles y alivia tu estrés.

Gracias, Señor, por la tranquilidad que dan tus árboles.

¿Estás ahí?

Despojémonos de todo peso [...], puestos los ojos en Jesús, el autor y consumador de la fe.
HEBREOS 12.1-2 RVR1960

Cuando Jesús estuvo en este mundo, pasara lo que pasara, por muchas personas que reclamaran su atención, él mantenía sus ojos puestos en su Padre. Se iba solo a un lugar donde estar tranquilo, donde concentrarse y pasar tiempo en compañía del Creador. Este tiempo de soledad y devoción le permitía salir renovado, revitalizado, repuesto, listo para prestar toda su atención a los que acudían a él.

¿Estás ahí para Jesús? ¿Estás ahí para Dios? ¿Estás ahí para los demás? ¿Estás ahí para ti misma?

Desconéctate del mundo —teléfono, computadora, televisión y radio— al menos un par de veces a la semana. Conéctate a Dios, a Jesús, al Espíritu. Pasa tiempo con el Creador y su creación. Usa esa energía para conectarte contigo misma y con los que te rodean. Concéntrate, aliméntate y luego alimenta a otros. Que puedas estar ahí.

Señor, ayúdame a estar ahí para ti, para mí misma y para los demás. ¡Vuelve a ser el poder que manda en mi vida!

Desinhíbete

David danzaba con toda su fuerza delante del Señor [...]. David y toda la casa de Israel hacían subir el arca del Señor con aclamación y sonido de trompeta.

2 Samuel 6.14-15 NBLA

Hay un momento para bailar: antes, durante o después de las situaciones estresantes. Pruébalo. ¿Por qué? Porque bailar ayuda a quitarse el estrés. Ya sea que lo hagas bien o no, bailar libera endorfinas, que hacen que tu cuerpo se sienta mejor y mejoran la perspectiva de tu mente, haciéndote sentir más tranquila y optimista. Aún mejor es el hecho de que la música, ya sea tocándola, bailándola o escuchándola, reduce el pulso y el ritmo cardíaco, la presión arterial y los niveles de estrés.

Así que desinhíbete. Baila ante el Señor. Alábalo con música y canciones. Toma un instrumento y toca para él. Antes de que te des cuenta, estarás alegrando a Dios y a ti misma.

Cuán agradecida estoy por el poder de la música, Señor. ¡A bailar!

Sacar lo mejor de una misma

Pero yo les digo: Amen a sus enemigos, y oren por quienes los persiguen. Así ustedes serán hijos de su Padre que está en el cielo; pues él hace que su sol salga sobre malos y buenos, y manda la lluvia sobre justos e injustos.

MATEO 5.44-45 DHH

Hay personas de autoridad que te dicen que te alejes de las personas que te frustran, que te estresan. Pero Jesús te dice que ores por ellas. Que las ames.

El escritor William Arthur Ward tiene una máxima maravillosa para la vida: «Cuando procuramos descubrir lo mejor de los demás, de alguna manera sacamos lo mejor de nosotros mismos».

Ten en cuenta estos pensamientos la próxima vez que te cruces con un familiar o conocido, un compañero de trabajo o un hermano de la iglesia que provoque en ti la respuesta de lucha, huida o parálisis. Busca lo mejor de esa persona. Y observa lo que ocurre en tu interior.

Señor, ayúdame a amar siempre y a buscar lo mejor en todos, como tú haces conmigo.

Profundizar

¿Por qué te desesperas, alma mía, y por qué te turbas dentro de mí? Espera en Dios, pues he de alabarlo otra vez por la salvación de Su presencia.

SALMOS 42.5 NBLA

¿Qué hacer cuando el estrés aparece de repente y no hay adónde correr y esconderse?

Es en esos momentos cuando tienes que reconocer que lo único que estás haciendo es enfrentarte a una situación de estrés. No hay peligro inmediato.

Respira hondo y recuerda que Dios ha prometido no dejarte ni abandonarte. Aunque no tengas un lugar físico de refugio al que retirarte, puedes encontrarte con Dios en el lugar de refugio de tu corazón. Deja que tu espíritu profundice, que llame y sea respondido por el Espíritu Santo en tu interior. No olvides que su canción está contigo.

Ayúdame a practicar la profundidad contigo, Señor, para que reaccione con paz, interior y exterior, en ti, esté donde esté.

Decisiones, decisiones

Tales cosas se escribieron hace tiempo en las Escrituras para que nos sirvan de enseñanza. Y las Escrituras nos dan esperanza y ánimo mientras esperamos con paciencia hasta que se cumplan las promesas de Dios.

ROMANOS 15.4 NTV

Hasta las decisiones más fáciles pueden parecer difíciles a veces, sobre todo cuando disponemos de muchas opciones diferentes. Entonces, ¿qué debe hacer una mujer para recibir una guía buena y piadosa cada día?

Pasa tiempo con Dios, con la Biblia abierta sobre tu regazo. Antes de leer las Escrituras, ora algo así:

Señor, dime lo que quieres que sepa.
Guíame a donde tú quieras que vaya.
Haz de mí lo que tú quieres que sea.

Entonces ten por seguro que Dios te dará la sabiduría para tomar la decisión correcta ante sus ojos.

Sé que tú me darás toda la sabiduría que deseo, Señor. Camina a mi lado. Habla conmigo. Espero tu dirección con paciencia y confianza.

Atrapados

Respondiendo Simón, le dijo: Maestro, toda la noche hemos estado trabajando, y nada hemos pescado; mas en tu palabra echaré la red. Y habiéndolo hecho, encerraron gran cantidad de peces, y su red se rompía.

Lucas 5.5-6 RVR1960

A veces estamos tan atrapadas en nuestras vidas, tan estresadas, que no reconocemos hacia dónde puede estar dirigiendo Dios nuestra atención, las soluciones que él puede estar proporcionando con tan solo mirarlo o escucharlo, ya sea con las circunstancias, la oración, la sabiduría de otros o la Biblia.

Considera cómo, tras una larga noche de pesca infructuosa por parte de Simón y sus compañeros, Jesús predicaba un día desde esa barca. Pese a la mala experiencia, al oír la palabra de Jesús, Simón echó las redes y sacó un montón de peces.

¿Estás despierta y abierta a lo que Dios te dice? ¿Dónde podría estar diciéndote que eches la red?

Señor, vengo ante ti, con los ojos y los oídos abiertos. ¿Qué quieres que haga?

Reflexionar pacientemente en oración

María reflexionaba sobre todo esto
y trataba de entenderlo.
LUCAS 2.19 PDT

A tu alrededor se suceden hechos que nunca habías previsto. Pasan tantas cosas, hay tanto alboroto en tu mundo y en tu vida, que tus pensamientos se agitan como un chaparrón sobre un tejado de hojalata. Empiezas a perder el sueño en la noche, te preguntas qué será lo siguiente o cómo puedes evitar que ocurra lo que crees que va a ocurrir. Durante el día, tu juicio se vuelve sesgado. Te rondan tantos pensamientos en la cabeza que ya no puedes asimilar la información.

¿Qué le falta a tu vida? Reflexiona pacientemente en oración, confiando en que Dios está contigo y te revelará las cosas a su debido tiempo. Como decía la madre Teresa: «Orar no es pedir. Orar es ponerse en manos de Dios, a su disposición, y escuchar su voz en el fondo del corazón».

Señor, ayúdame a orar, reflexionar y ponerme
en tus manos mientras hablas a mi corazón.

Descanso o estrés

«Párense en los caminos y miren, pregunten por los senderos antiguos, busquen el buen camino y sigan por él. Así encontrarán descanso. Pero ustedes han dicho: "No queremos seguir el buen camino"».

JEREMÍAS 6.16 PDT

¿Tienes que tomar una decisión? ¿Que elegir un camino? ¿Buscas dirección? ¿Buscas paz? Dios tiene todas las respuestas para ti y las esboza en Jeremías 6.16. Primer paso: Quédate donde estás y mira a tu alrededor. Considera todas las opciones posibles. Segundo paso: Ora. Pídele a Dios su buen camino. Paso 3: Anda en él. Ahora que conoces el camino correcto (orar pidiendo sabiduría, escuchar la voz de Dios y usar la Biblia como mapa de ruta), encontrarás descanso para tu alma.

También podrías optar por (a) no hacer ninguna de esas cosas o (b) negarte a caminar por la senda que Dios ha trazado para ti. Ambas opciones te llevan al estrés.

Así que detente. Espera, ahora, en este momento. Sigue los pasos del 1 al 3. Elige el descanso, no el estrés.

Estoy en la encrucijada, Señor, buscando tu camino.

Percepción

Pero el Señor le dijo a Samuel:
—No juzgues por su apariencia o por su estatura, porque yo lo he rechazado. El Señor no ve las cosas de la manera en que tú las ves. La gente juzga por las apariencias, pero el Señor mira el corazón.
1 Samuel 16.7 NTV

Cuando pensamos que necesitamos tener todas las respuestas, suele aflorar el estrés. Cuando pensamos que lo que percibimos es la verdadera y única realidad. Pero, en la Biblia, Dios le da la vuelta a esa idea una y otra vez. Destaca la ocasión en que el profeta Samuel quiso ungir en secreto a uno de los ocho hijos de Isaí como próximo rey. Empezó por el mayor y acabó con David, el más joven y pequeño de los hijos de Isaí. Seleccionarlo iba en contra de toda lógica, de todo sentido y razonamiento humanos. Pero Samuel obedeció.

Dios ve mucho más que tú. Tu parte es buscar su conocimiento, dejar que él te dé su palabra, y luego hacer lo que él quiera, sin importar cuánto sentido tenga para ti.

Ayúdame, Señor, a buscar y estar abierta a tu visión en cada situación a la que me enfrente.

El corazón de Dios

Pero Dios quitó a Saúl y lo reemplazó con David, un hombre de quien Dios dijo: «He encontrado en David, hijo de Isaí, a un hombre conforme a mi propio corazón; él hará todo lo que yo quiero que haga».

HECHOS 13.22 NTV

Hay demasiadas normas por ahí. Y desde hace años. Mira todas las reglas que los fariseos crearon e insistían en que los judíos las siguieran. Lo más probable es que intentar seguirlas fuera muy estresante.

Afortunadamente, Dios simplifica las cosas para los que siguen a Cristo. Él quiere que seas una seguidora de Dios más que una simple seguidora de reglas. Todo lo que tienes que hacer es escuchar y obedecer. Haz que su voluntad sea la tuya. Puedes empezar por amar a Dios con todo tu corazón, mente, cuerpo, espíritu, alma y fuerza. Y luego ama a los demás como a ti misma.

Deja que el estrés y las normas innecesarias se vayan. Conviértete en una mujer conforme al corazón de Dios.

Señor, ayúdame a ser una mujer que sigue al Dador de las Reglas más que a las reglas. Ayúdame a ser una mujer conforme a tu corazón.

Esfuerzo creativo

Me buscarán y me encontrarán cuando
me busquen de todo corazón.
JEREMÍAS 29.13 PDT

Cuando salimos de nuestra propia mente y nos introducimos en la de Dios, buscándolo de todo corazón, nos beneficiamos de la creatividad del Creador. Abundan las posibilidades. Las ideas se vuelven ilimitadas. Sus respuestas son a menudo sorprendentes, cosas en las que nunca habíamos pensado. El estrés se desvanece a medida que van llegando soluciones.

No hay por qué pensar que esta vía del corazón está bloqueada, que no está abierta para ti, que tienes un defecto en tus facultades. Porque Dios dice en Jeremías 24.7 (RVR1960): «Y les daré corazón para que me conozcan que yo soy Jehová; y me serán por pueblo, y yo les seré a ellos por Dios; porque se volverán a mí de todo su corazón».

¿A qué esperas, pues? Deja que la oración sea tu esfuerzo creativo e ilimitado. Acude a Dios. Búscalo con todo tu corazón, y él expandirá tu mundo.

Vengo a ti, Señor, con todo mi corazón.

Reflexión meditativa

SEÑOR, tú eres mi roca; eres quien me salva.
Deseo que te complazca todo lo que digo y pienso.
SALMOS 19.14 PDT

El filósofo Denis Diderot dijo: «Hay tres medios principales para adquirir conocimientos: observación de la naturaleza, reflexión y experimentación. La observación recoge los hechos; la reflexión los combina; y la experimentación verifica el resultado de esa combinación».

Cuanto más conoces a Dios, más confías en él y menos estrés sufres. Es bastante fácil observarlo, recopilar datos sobre él. Ahora bien, ¿reflexionas sobre esos datos? ¿Dejas que te lleven a lo más profundo de sus brazos? ¿Te abres y le das acceso a tu corazón, para que pueda guiarte y amarte? ¿Incorporas a tu vida esas observaciones y reflexiones, para traer a Dios aún más a tu «realidad»?

Piensa en estas cosas. Luego úsalas para tener un crecimiento más profundo en tu Roca y Redentor.

Señor, haz que mi meditación sea de tal manera que aprenda a conocerte y amarte más.

El hijo sigue ahí

Concéntrense en todo lo que es verdadero, todo lo honorable, todo lo justo, todo lo puro, todo lo bello y todo lo admirable. Piensen en cosas excelentes y dignas de alabanza.

FILIPENSES 4.8 NTV

El apóstol Pablo había experimentado su buena dosis de enfermedad, hambre, cárcel, persecución y mucho más. Sabía lo fácil que era para los seguidores de Jesús estresarse, obsesionarse con todos los peligros que traía su fe. Pero también conocía el secreto para recobrarse de todas las noticias negativas. Su propia regla, y su consejo a los lectores, era pensar en todo lo bueno.

Presta atención a lo que pasa por tu cabeza. Fija tus pensamientos en cosas más elevadas. Como dijo Gloria Gaither: «Aun en invierno, en medio de la tormenta, el sol sigue ahí». En algún lugar por encima de las nubes, aún brilla y calienta y jala de la vida enterrada en lo más profundo de las ramas marrones y la tierra helada».

Ayúdame, Señor, a mantener mis pensamientos en todo lo bueno, como tú, para elevarme por encima de las tensiones y entrar en tu luz.

Lecciones que aprender

«Como dicen las Escrituras: "A todos les enseñará Dios". Todos los que escuchan al Padre y aprenden de él, vienen a mí».

JUAN 6.45 NTV

Ralph Waldo Emerson dijo: «Nadie ha orado nunca de corazón y no ha aprendido algo».

¿Cómo es tu vida de oración? ¿Tomas las cosas que te estresan y se las presentas a Dios? ¿Pones todo tu corazón en el empeño? ¿Antes de abrir su Palabra le pides a Dios que te muestre lo que él quiere que veas ? ¿Pides, buscas y llamas insistentemente a su puerta (ver Mateo 7.7)? ¿Te permites ser vulnerable, lo dejas entrar en tu mundo —corazón, mente, cuerpo, espíritu y alma— y le abres la puerta por la que él quiere entrar (ver Apocalipsis 3.20)?

Dios tiene cosas buenas reservadas para ti, sabiduría para impartir, palabras para sanar, amor para dar, lecciones que aprender. Mira. Escucha. Aprende.

Señor, vengo ante ti, buscándote con todo mi ser. Enséñame lo que tú quieres que yo sepa. En el nombre de Jesús, amén.

Tiempo para pensar

Esto dice el Señor Soberano [...]: «Ustedes se salvarán solo si regresan a mí y descansan en mí. En la tranquilidad y en la confianza está su fortaleza» [...]. Tus oídos lo escucharán. Detrás de ti, una voz dirá: «Este es el camino por el que debes ir», ya sea a la derecha o a la izquierda.

Isaías 30.15, 21 NTV

Cuando un niño se gana un «tiempo para pensar» por parte de sus padres, puede encontrarse solo en una silla, quizá de cara a la pared. Está en silencio, sin distracciones a su alcance. No se le permiten juguetes, libros, televisión ni radio. El período suele ser de un minuto por cada año de edad, durante el cual el niño tiene tiempo para reflexionar y reposar. Al final, está listo para volver a empezar, a ser posible retomando el buen camino.

¿Cuándo fue la última vez que te tomaste un tiempo así con Dios, regresaste a él, descansaste en él y saliste más tranquila por dentro y, tras haberle oído hablar, más confiada en él? Prueba hoy a tomarte ese tiempo con Dios. La duración depende de ti y de él.

Señor, hoy regreso para reposar en ti.

Un ser con alma

Los que recibieron su palabra fueron bautizados;
y se añadieron aquel día como tres mil personas.
Y perseveraban en la doctrina de los apóstoles, en
la comunión unos con otros, en el partimiento del
pan y en las oraciones [...] y muchas maravillas
y señales eran hechas por los apóstoles.

HECHOS 2.41-43 RVR1960

C. S. Lewis dijo: «No tenemos alma. Somos un alma. Lo que ocurre es que tenemos un cuerpo».

¿Cómo cambiaría tu vida si la miraras desde la perspectiva de que eres un alma que simplemente habita un cuerpo? Según HELPS Word-studies, la palabra *persona* que aparece en los versículos anteriores corresponde a la palabra del Antiguo Testamento para «alma». «El alma es la consecuencia directa de que Dios insufla (sopla) su don de vida en una persona, convirtiéndola en un *ser con alma*» (énfasis añadido).

Piensa que eres una criatura eterna a la que Dios ha dado aliento de vida, a la que ha dotado de alma, y te sentirás más maravillada que ansiosa.

Soy aliento tuyo dentro de un cuerpo,
Señor. Ayúdame a vivir a tu manera.

Siempre y de todas las maneras

Dios es nuestro amparo y fortaleza, nuestro pronto auxilio en las tribulaciones. Por tanto, no temeremos, aunque la tierra sea removida, y se traspasen los montes al corazón del mar.

Salmos 46.1-2 RVR1960

El autor del salmo 46 quiere que recuerdes un hecho muy tranquilizador: Dios está ahí para ti, justo a tu lado, una fortaleza a la que puedes correr y esconderte, tu fuerza en tiempos difíciles, no importa cuál sea el problema, dónde o a quién le esté sucediendo. Siendo así, no hay razón para estresarse. Como sigue explicando el salmista, no hay absolutamente nada que Dios no pueda manejar, ninguna marea que no pueda desviar, ningún fuego que no pueda apagar, ningún león que no pueda domar. Recuerda esta verdad.

Dios dice: «Estad quietos y conoced que yo soy Dios» (v. 10 RVR1960). *Tú* no eres Dios. Pero *él* sí lo es. Y él está contigo, siempre y de todas las maneras.

Gracias, Señor, por ser el único y verdadero Dios. Ayúdame a estar quieta en ti.

Inclinada a la oración

«Inclina, oh Jehová, tu oído, y oye; abre,
oh Jehová, tus ojos, y mira; y oye...».
2 REYES 19.16 RVR1960

Hablando de estar estresada. El rey Ezequías y su reino, Judá, tenían la amenaza a las puertas, y su Dios estaba siendo blasfemado por el muy poderoso rey de Asiria que luego plasmó sus amenazas e insultos en una carta a Ezequías.

Pero Ezequías no se amedrentó. Acudió a Dios y abrió la carta ante él. Luego oró, alabando a Dios por todo su poder. Le pidió que escuchara y viera lo que estaba sucediendo en su vida. Le pidió a Dios que lo salvara, para que todos vieran que solo él es Dios.

¿Cuál fue el resultado? «Aquella misma noche salió el ángel de Jehová, y mató en el campamento de los asirios a ciento ochenta y cinco mil [...]. Entonces Senaquerib rey de Asiria se fue» (vv. 35–36 RVR1960).

Si Dios pudo hacer esto por Ezequías, ¡imagínate lo que puede hacer por ti!

Señor, sé que eres asombroso. Escúchame y mírame. Ayúdame, para que todos sepan que solo tú eres Dios.

Cerca de su corazón

Alimentará su rebaño como un pastor;
llevará en sus brazos los corderos
y los mantendrá cerca de su corazón.

Isaías 40.11 NTV

Estás en los brazos del Gran Pastor. No tienes por qué temer. Por qué tener luchas. Por qué entrar en pánico. Estás en el lugar más seguro posible. En los brazos de Aquel que te ama con amor incomparable, que sacrificó su vida para que pudieras estar con él para siempre. Él vela por ti. Él es la barrera entre tú y lo que podría dañarte. Él es quien suple todas tus necesidades. Él te guía por las sendas correctas, hacia el agua limpia y viva y el alimento que sacia.

Así que estate quieta. Relájate en sus brazos. Recuéstate sobre él. Respira hondo. Siente su latido. Estás en casa. Deja que él cargue contigo.

Señor, aquí estoy, recostada sobre ti,
escuchando los latidos de tu corazón, sintiendo
tu aliento y el calor de tu amor. Abrázame
fuerte. Mantenme cerca para siempre.

Todo irá bien

El Señor *le respondió:*
—Yo mismo iré contigo, Moisés,
y te daré descanso; todo te saldrá bien.
Éxodo 33.14 NTV

Cada vez que notaba preocupación en la voz de un adulto o veía un ceño fruncido, Emmaleen, de tres años, respondía: «Todo irá bien». Una y otra vez, bendecía las vidas y calmaba los recelos de muchos con su pequeño mantra: «Todo irá bien». ¿Cómo llegó a esa conclusión? ¿Cómo se convirtió en una parte tan importante de su propia vida y personalidad con el paso de los años? Estas tres breves palabras eran las mismas que la madre de Emmaleen le transmitía a menudo.

Dios quiere que recibas el mismo mensaje, que repitas el mismo mantra, que conozcas la misma verdad. Que sea lo que sea que haya pasado, esté pasando o pueda pasar, Dios está contigo. Él está en persona a tu lado. Él te dará descanso. «Todo te saldrá bien».

Ayúdame a tener la fe y la confianza de una niña de tres años, Señor. Ayúdame a ver que contigo a mi lado todo irá bien.

Tu aliento

Dios quería que la humanidad lo buscara y, aunque fuera a tientas, lo encontrara. Pero en realidad, Dios no está lejos de ninguno de nosotros: «En él vivimos, nos movemos y existimos».

Hechos 17.27-28 PDT

Dios no es una deidad lejana, extranjera. Lo tienes más cerca que tu aliento. San Gregorio Nacianceno nos aconsejaba: «Acuérdate de Dios con más frecuencia de lo que respiras».

Imagina que piensas en Dios con cada inhalación y exhalación. Haz una pausa en este momento y siente esa respiración. Siente la presencia de Dios. Reconoce que él está arriba, abajo, dentro y fuera. Con estas ideas delante de tu mente y con la conciencia de su amor en lo más profundo de tu alma, no hay lugar para la reacción de lucha, huida o parálisis. Simplemente hay paz mientras vives, te mueves y tienes tu ser.

Señor, tú no eres un trozo de madera o de piedra. Tú eres un Dios vivo que obra en mi vida, cuida de mí y me trae paz y satisfacción en este mismo momento en que vivo y respiro. En el nombre de Jesús, amén.

Romper cadenas

Pablo y Silas estaban orando y cantando himnos a Dios
[...]. De repente, hubo un gran terremoto
y la cárcel se sacudió hasta sus cimientos.
Al instante, todas las puertas se abrieron de golpe,
¡y a todos los prisioneros se les cayeron las cadenas!
HECHOS 16.25-26 NTV

«La oración no es solo adoración; es también una emanación invisible del espíritu adorador del hombre, la forma más poderosa de energía que uno puede generar», escribió el Premio Nobel Alexis Carrel, MD.

La oración es una fuerza que puede abrir puertas, romper cadenas y liberar prisioneros. Con todo este poder, la oración obviamente puede liberarte del estrés, hacer que tus cargas se desvanezcan y cambiar tu estrecha perspectiva. Lo único que tienes que hacer es creer que es posible. Cuando lo hagas, cantarás con el coro: «Grande es nuestro Dios, y grande su poder» (Salmos 147.5 DHH).

Quiero beneficiarme de tu poder, Señor. Sé que nada es demasiado difícil o imposible para ti. Ayúdame a tener una vida de oración fuerte que rompa cadenas.

Libre de escollos

Me sacó del pozo de la destrucción; me sacó del barro y del lodo. Me puso los pies en la roca, en tierra firme, donde puedo andar con seguridad.

SALMOS 40.2 PDT

Dios tiene un proceso en tres pasos para sacarte del pozo del estrés innecesario. Primero, te pondrá a salvo. Después pondrá tus pies en tierra firme y te ayudará a encontrar de nuevo el equilibrio, dándote seguridad. Por último, te guiará hacia la siguiente aventura, ayudándote a evitar futuros escollos. Después, estarás cantando una nueva melodía, alabando a Dios. Los demás se darán cuenta de lo que ocurre en tu vida y notarán que quieren lo que tú tienes y confiarán más en el Señor.

Solo tienes que acercarte a él. Cuéntale lo que pasa en tu vida. Él escuchará. Verá. Descenderá y te elevará para ponerte a salvo, te dará la seguridad que anhelas y te ayudará a librarte de los escollos.

Estoy preparada, Señor. ¡Jálame hacia ti!

No guardarse nada

Recurrí al Señor, y él me contestó, y me libró de todos mis temores. Los que miran al Señor quedan radiantes de alegría y jamás se verán defraudados. Este pobre gritó, y el Señor lo oyó y lo libró de todas sus angustias.

SALMOS 34.4-6 DHH

Ana es un gran ejemplo de cómo acercarse a Dios en oración. Sometida a una gran tensión, y tras haber llorado ya un río de lágrimas, Ana fue al templo. Ella «estaba muy triste y lloraba mucho mientras oraba al SEÑOR» (1 Samuel 1.10 PDT). ¡Se lo contó todo a Dios! Le hizo promesas y continuó orando ante él en silencio: «Aunque sus labios se movían, no pronunciaban las palabras en voz alta» (1 Samuel 1.13 PDT).

Dios escucha tus oraciones, tanto si las dices en voz alta como en silencio. Cuando busques ayuda en él, desnudándole tu corazón, él te encontrará más acá de la mitad del camino. Te liberará del estrés y del miedo. Te rescatará. ¿A qué esperas?

Señor, derramo mi corazón ante ti ahora mismo, sin guardarme nada. ¡Libérame!

Círculo de protección

El ángel del Señor protege y salva a los que honran al Señor. Prueben, y vean que el Señor es bueno. ¡Feliz el hombre que en él confía! Honren al Señor, los consagrados a él, pues nada faltará a los que lo honran.

Salmos 34.7-9 dhh

En medio de una situación estresante en la que no ves salida —mental, física, emocional, espiritual— acude a Dios. En cuanto estés en su presencia, él establecerá una barrera protectora entre tú y lo que venga contra ti. Mírala. Está ahí. No lo dudes. Luego abre tus labios y ora. Descubre lo bueno que es Dios. Alábalo por lo que está haciendo en tu vida. Debes saber que, aunque sigas sin ver una salida, no pasa nada. Estás con el Maestro Planificador y Protector. Él te tiene a cubierto. Tiene un plan de salida. Tiene cosas buenas preparadas y en camino. Descansa en su paz.

No veo salida, Señor, pero sé que tú sí la ves. Y en ti confío. En ti tengo paz.

Recuperar el aliento

El Señor atiende al clamor del hombre honrado, y lo libra de todas sus angustias. El Señor está cerca, para salvar a los que tienen el corazón hecho pedazos y han perdido la esperanza. El hombre honrado pasa por muchos males, pero el Señor lo libra de todos ellos.

SALMOS 34.17-19 DHH

La palabra *estrés* tiene un origen interesante, ya que procede en parte de palabras que significan «estrechez», «opresión» y «tirantez». Por eso es lógico que cuando una persona está estresada tenga la sensación de que las paredes se cierran sobre ella. Como si te oprimieran el pecho. Casi cuesta respirar.

Por un lado, está el estrés, una sensación de asfixia. Por otro lado, está Dios. La clave es acordarse de Dios en medio del estrés. Recordar que él está escuchando y listo para rescatarte, para ayudarte a recuperar el aliento. Lo hará siempre. Su parte es estar ahí para ti. La tuya es acudir a él.

Ayúdame a recuperar el aliento, Señor.

Alma valiente

Te alabaré con todo mi corazón [...]. El día que clamé, me respondiste; me fortaleciste con vigor en mi alma.

SALMOS 138.1, 3 RVR1960

Piensa que, el día que invocas a Dios, él te responde. Ábrete a la idea de que, en cuanto gritas, él responde, igual que una madre lactante responde como un reflejo —física, mental y emocionalmente— al llanto de su recién nacido, dispuesta a socorrer a su pequeño al primer síntoma de hambre.

Así es como Dios te responde. No solo te responde, sino que te da tanta fuerza en el alma que te vuelve valiente, capaz de superar las reacciones de lucha, huida y parálisis. Él te da el poder para dejar ir la ansiedad mundana, reemplazando el estrés con su fuerza y valentía de espíritu.

Llama. Él te responderá y te dará toda la fuerza que necesitas. Luego dale las gracias de todo corazón.

Me maravilla, Señor, con qué rapidez respondes a mi clamor. ¡Gracias por darme fuerzas!

Sana y salva

Nadie me ayudó; todos me abandonaron.
Espero que Dios no se lo tome en cuenta. Pero el Señor
sí me ayudó y me dio fuerzas [...] el Señor me libró
de la boca del león, y me librará de todo mal,
y me salvará llevándome a su reino celestial.
2 Timoteo 4.16-18 dhh

¿Eres consciente del cuidado de Dios en todo momento? ¿Sabes que sea cual sea el problema en que te metas, él no te dejará sola? Dios llega muy lejos con su amor. No hay nada que él no pueda cambiar para tu bien. Puede que ahora no lo veas, pero no pasa nada. Algún día lo verás. Él tiene su mano sobre ti. Su amor y su protección no tienen fin.

Así que ánimo. Dios está planificándolo todo para tu bien. Sigue esperando, confiando y orando. Tu libertador está junto a ti, a tu lado, manteniéndote sana y salva.

Señor, algo que me hace seguir adelante es saber que no estoy sola. Tú estás siempre conmigo, amándome, ayudándome, rescatándome.

Mirar lo es todo

Cuando vio a Pedro y a Juan que iban a entrar en el templo, les rogaba que le diesen limosna. Pedro, con Juan, fijando en él los ojos, le dijo: Míranos. Entonces él les estuvo atento, esperando recibir de ellos algo.

HECHOS 3.3-5 RVR1960

¿Cómo empiezas el día? ¿Con una sensación de impotencia y desesperanza? ¿Buscas señales de que de algún modo sacarás algo bueno? ¿O fijas tu atención en Jesús, esperando que él te dé algo más allá de lo mejor?

El mendigo que estaba a las puertas del templo pensaba que sabía lo que necesitaba y que eso, dinero, era lo que Pedro y Juan le darían. Cuando le dijeron que los mirara, el mendigo obedeció, «esperando recibir algo». Lo que obtuvo fue algo mucho más valioso que la plata o el oro. Recibió el poder de Jesucristo obrando en su vida.

No pongas límites a Dios. ¡Basta con mirar a Jesús y esperar algo que va más allá de lo mejor!

Señor, te miro esperando que tú y tu poder hagan algo asombroso en mi vida.

Complacer y alabar

... al cual llamó Judá, porque dijo:
«Esta vez alabaré al Señor».
GÉNESIS 29.35 DHH

A veces nos estresamos buscando amor, reconocimiento, satisfacción y contentamiento en los lugares equivocados. Lea, consciente de que su marido Jacob había sido engañado para casarse con ella, hizo todo lo posible por ganarse al menos una parte del amor de Jacob, que amaba a su hermana estéril Raquel. Lea llamó a su primogénito Rubén (¡Vean, es un niño!), pensando que ese esfuerzo haría que Jacob la amara. Al segundo lo llamó Simeón, al darse cuenta de que Dios había escuchado sus plegarias. Al tercero lo llamó Levi, (compañero), pensando que ahora Jacob conectaría con ella. Finalmente, tuvo a Judá, diciendo: «Ahora alabaré a Dios».

En medio de nuestras expectativas de oración, haríamos bien en reconocer, agradecer y alabar a Dios por el consuelo que nos da siempre, incluso cuando nuestras oraciones no son respondidas exactamente como esperábamos, pues al Señor es al único que deberíamos aspirar a complacer y alabar.

Te alabo, Señor, por todo lo que has
hecho y estás haciendo en mi vida.

Del estrés a la fortaleza

Que el Dios de nuestro Señor Jesucristo [...] les llene de luz los ojos del corazón para que conozcan cuál es la esperanza a la que los llama, qué inmensa es la gloria que ofrece en herencia a su pueblo y qué formidable la potencia que despliega en favor de nosotros los creyentes.

EFESIOS 1.17-19 BLPH

En tu interior está todo el poder necesario para transformar tu estrés en fortaleza y, a su vez, convertir tu luto en danza (ver Salmos 30.11). Pero primero tienes que creer que el mismo poder que resucitó a Jesús vive y actúa en ti. ¡Que es ilimitado, inexpugnable, increíble!

Hace casi dos mil años, el apóstol Pablo oró para que Dios te diera sabiduría espiritual y visión para conocerle mejor y descubrir el asombroso poder del que dispones.

Búscalo. Exprésalo. Sal de tu estrés y entra en la fuerza de Dios, y danza.

Con tu Espíritu dentro de mí, Señor, puedo hacer todo lo que tú me has llamado a hacer. Mantén esta realidad ante mis ojos mientras paso del estrés a la fortaleza.

Mentalidad de abundancia

*Ya que soy el dueño de todos los animales del bosque
y del ganado que está en mil montes.*

Salmos 50.10 PDT

Es agotador competir por comprar lo máximo y lo mejor que este mundo puede ofrecer, todo aquello a lo que creemos tener derecho, tratando de calmar la desesperada sensación de no tener suficiente. Pero esta idea de carencia no viene de Dios.

Dios nos habla constantemente de la abundancia que nos rodea. Él sabe qué es justo lo que necesitamos y nos lo proporcionará (ver Mateo 6.25–33). No es que no tengamos que trabajar. El propio apóstol Pablo era fabricante de tiendas. La cuestión está en no estresarnos intentando comprar lo máximo y lo mejor. Se trata de abordar la vida con una mentalidad no de carencia, sino de abundancia, compartiendo lo que tenemos cuando podemos (ver Lucas 3.11) y trabajando con todo nuestro corazón, como para el Señor (ver Colosenses 3.23), Aquel que tiene el de mil montes, sabiendo que él no dejará de proveer.

*Señor, ayúdame a cambiar mi mentalidad
de mi carencia a tu abundancia.*

Del estrés a la calma

*Porque el Espíritu que Dios nos ha dado
no nos hace cobardes, sino que él es para nosotros
fuente de poder, amor y buen juicio.*
2 TIMOTEO 1.7 PDT

Corrie ten Boom escribió: «La preocupación es un ciclo de pensamientos inservibles que giran en torno a un eje de temor». Una vez que empieza ese torbellino, puede crecer hasta arrastrar todo pensamiento que lo toque, haciendo que todo tu ser gire sin control y se vea superado por el estrés.

El remedio está en recordar que Dios no te dio un espíritu de temor, sino de poder, amor y dominio propio. En él, tu mente está bien equilibrada. A medida que vas tomando más conciencia de tus pensamientos, llevando cautivo cada uno de ellos y entregándoselos a Cristo, las aguas se calman. Cuando enfrentamos con la verdad de Dios las falsas preocupaciones que tienden a ahogarnos, nos reencontramos con nuestro Pastor, junto a las aguas de reposo.

*Gracias, Señor, por el espíritu
de poder y dominio propio en ti.*

Cambia de perspectiva

Jesús llamó a un niño y [...] dijo:
—Les aseguro que, si no cambian de conducta y vuelven a ser como niños, no entrarán en el reino de los cielos.
Mateo 18.2-3 BLPH

Tómate este momento para un chequeo personal. ¿Cuál es tu perspectiva? ¿Ves este mundo como un lugar difícil para existir, preguntándote cuándo legará el próximo gran problema? ¿Esperas nubes en lugar del sol?

Imagina que eres una niña pequeña, inocente y sin ambiciones, que confía, ama, perdona fácilmente y no es egoísta. Imagínate tomada de la mano de Jesús, sabiendo que es tu hermano mayor, Aquel que te mantendrá a salvo, te alimentará, te guiará, te ayudará, te levantará. Mientras te aferras a su mano, imagina que caminas a su lado. El mundo es un país de maravillas al caminar por él, con curiosidad por lo que encontrarás, por los regalos que descubrirás.

Agarra esa mano. Cambia de perspectiva. Sé una hija de Dios.

Dios de mi corazón y de mi alma, tómame de la mano. Guíame. Soy tu hija y nada más.

Caminar al paso

Que incline nuestro corazón hacia él para que en todo hagamos su voluntad y cumplamos los mandamientos, leyes y decretos que mandó cumplir a nuestros antepasados.

1 Reyes 8.58 DHH

Cuando no andamos en sintonía con Dios, el estrés puede colarse en nuestras vidas. ¿Dónde puedes haber perdido el centro? ¿Cómo te has desviado del camino que Dios trazó para ti? ¿Qué distracciones te han impedido ver y leer las señales que él ha puesto para ti en tu camino? ¿Cómo puedes dejar el ritmo de este paso que sigues y volver al ritmo de Dios para tu vida?

Dedica algún tiempo a hacer un inventario de tus actividades, prioridades y objetivos. Acude a Dios en oración y pregúntale en qué pueden diferir tus prioridades de las suyas. Luego empieza a revisar tu paso para seguir su ritmo en su buen camino.

Señor, vengo a ti, quiero acompasar mi paso con el tuyo.

Reconocimiento

Entonces viendo el denuedo de Pedro
y de Juan, y sabiendo que eran hombres sin letras
y del vulgo, se maravillaban;
y les reconocían que habían estado con Jesús.
HECHOS 4.13 RVR1960

A veces, los síntomas del estrés pueden ser bastante evidentes: falta de energía, nerviosismo, pérdida de concentración, insomnio, debilidad, timidez, agitación, tensión, etc., todo lo cual impide que los demás (y quizá nosotras mismas) perciban que hemos estado con Jesús. Y es que su persona manifiesta justo las características opuestas. Jesús es infatigable, tranquilo, centrado, reposado, audaz, pacífico y relajado.

Pasa tiempo cada día con Jesús. Cuando lo hagas, poco a poco sus características se te pegarán. Cada día te parecerás más a él, hasta que un día la gente te mire y perciba que has pasado tiempo en la presencia de Jesús.

A estas alturas, Jesús, no estoy segura de qué —o a quién— ve la gente cuando me mira. Así que vengo a pasar tiempo contigo, a impregnarme de tu paz, fortaleza, valentía y mucho más. Que cada día me parezca más a ti que a nada ni a nadie.

La parte de ella, la parte de él

«Ahora, Señor [...] concede a tus siervos que con todo denuedo hablen tu palabra, mientras extiendes tu mano para que se hagan sanidades y señales y prodigios mediante el nombre de tu santo Hijo Jesús. Cuando hubieron orado [...]todos fueron llenos del Espíritu Santo, y hablaban con denuedo la palabra de Dios.

HECHOS 4.29-31 RVR1960

¿Te sientes como si tuvieras el mundo entero sobre tus hombros? ¿Piensas que si no lo haces tú se quedará sin hacer? Detente y considera que esos sentimientos y pensamientos son mentiras. Porque tienes un Dios que está contigo hasta el final. De hecho, él quiere que sepas que en tu vida hay dos partes a tener en cuenta: la tuya y la suya.

Tu parte es sumergirte en la Palabra de Dios, orar, abrazar su Espíritu, esperar que el Señor actúe en tu favor y dejarle a él los resultados. La suya es hacer maravillas.

Señor, ayúdame a hacer lo que tú quieres que haga y a dejarte el resto a ti.

Sin distracciones

Josías [...] comenzó a reinar y gobernó 31 años en Jerusalén [...]. Josías hizo lo que le agradaba al Señor [...] sin desviarse a la derecha ni a la izquierda.

2 Reyes 22.1-2 PDT

Josías fue uno de los mejores reyes de Judá porque no se permitió apartarse del llamado de Dios en su vida.

Cuando avanzamos por el camino al que Dios nos ha llamado, es fácil distraerse con cosas del camino. Así, empezamos a perder terreno en cuanto a lo que se espera de nosotras, hacia dónde se supone que debemos ir. Al quedarnos cada vez más atrás, sentimos el estrés de no estar donde deberíamos, y eso comienza a agobiarnos.

Mira qué es lo que puede haber en tu camino. Luego plantéate vivir conforme a la sabiduría de Proverbios 4.25–27 (DHH): «Mira siempre adelante, mira siempre de frente. Fíjate bien en dónde pones los pies, y siempre pisarás terreno firme. No te desvíes de tu camino».

Ayúdame a alejarme de las distracciones, Señor, y a mantener mis pies firmes en tu camino.

Mareas de la mente

Hasta ahora ustedes no han pedido nada en mi nombre. Pidan y recibirán para que así estén llenos de alegría.

JUAN 16.24 PDT

La poetisa y sufragista Alice Meynell escribió: «La felicidad no es cuestión de sucesos; depende de las mareas de la mente». Si has estado buscando en vano la felicidad en otras personas o circunstancias, Jesús tiene tu respuesta. Él puede ayudarte a tener alegría en cualquier situación. Solo tienes que pedirle que te ayude a navegar por las mareas de tu mente, evitando que los sucesos de la vida se conviertan en detonantes de estrés.

Si pierdes el autobús, eleva una oración y luego mira a tu alrededor para ver qué quiere Dios que hagas. Tal vez ahora tengas tiempo para tu devocional, para ayudar a una compañera de viaje o cederle tu cálida bufanda a una persona sin hogar. En otras palabras, busca tu gozo en cada suceso de la vida. No veas cada acontecimiento y cada aparente contratiempo ni como bueno ni como malo, sino como una ocasión para orar y ver la oportunidad que Dios te presenta.

Controla las mareas de mi mente, Señor, para que mi alegría esté solo en ti.

Una cuestión de rutina

«Así pues, no se atormenten diciendo: "¿Qué comeremos, qué beberemos o con qué nos vestiremos?" [...] busquen el reino de Dios y todo lo justo y bueno que hay en él, y Dios les dará, además, todas esas cosas».

MATEO 6.31, 33 BLPH

Muchas personas están estresadas porque dan más valor y prioridad a las cosas que les aportan una recompensa monetaria. En otras palabras, ponen el trabajo por delante del tiempo que pasan con sus familiares, hijos, cónyuges, amigos e incluso con Dios. Han sido, como dijo el dramaturgo Arthur Miller, «seducidos para pensar que lo que no produce beneficios no tiene valor».

Jesús nos dice que lo más valioso que podemos hacer es buscarlo a él y su reino por encima de todo. Entonces se nos darán todas esas otras cosas que necesitamos. Plantéate cuáles son tus prioridades hoy. ¿Has dedicado tiempo a Dios, segura de que todo lo demás encontrará su lugar cuando él sea lo primero en tu vida?

Señor, estoy aquí, buscándote por encima de todo. Mi nuevo rumbo es fijar mi corazón en ti.

La huella de Cristo

Desháganse de su vieja naturaleza pecaminosa [...] que está corrompida por la sensualidad y el engaño. En cambio, dejen que el Espíritu les renueve los pensamientos y las actitudes. Pónganse la nueva naturaleza, creada para ser a la semejanza de Dios, quien es verdaderamente justo y santo.

EFESIOS 4.22-24 NTV

Los polluelos siguen lo primero que ven moverse, pensando que es su madre. Este proceso se denomina impronta. Es el mismo proceso que tú, como nueva criatura en Cristo, deberías seguir. Ahora que tu espíritu ha nacido de nuevo, ahora que tienes una nueva naturaleza, no debes estresarte con la vida en este mundo, sino dejar que el Espíritu de Dios renueve tu mente mientras sigues a Jesús.

Despójate de la angustia y ponte la paz de Cristo. Abandona la tristeza y echa mano de su gozo. Aparta la mirada de tus carencias y céntrate en su abundancia. Entrega todas las dudas y aférrate a tu fe. Cambia tu impaciencia por su paciencia. Borra todo el estrés mientras sigues la impronta de Cristo.

Tú, Jesús, eres mi hermano. Quiero parecerme cada día más a ti.

La palabra sanadora

Hijo mío, presta atención a lo que te digo. Escucha atentamente mis palabras. No las pierdas de vista. Déjalas llegar hasta lo profundo de tu corazón, pues traen vida a quienes las encuentran y dan salud a todo el cuerpo.

PROVERBIOS 4.20-22 NTV

Un exceso de estrés, preocupación y tensión pueden causarte daños físicos, por no hablar de los emocionales, psicológicos, mentales y espirituales. Pero la Palabra de Dios puede sanar todo eso.

Esfuérzate cada día en profundizar en la Palabra de Dios. Si tienes una media hora larga, empápate de su sabiduría. Si tienes menos tiempo, aunque sea solo un minuto, pídele a Dios que te muestre lo que él quiere que sepas hoy. A continuación, abre tu Biblia o tu devocional. Descubre un versículo que te hable. Céntrate en su contenido, su propósito y lo que te augura. Pregúntale a Dios cómo se aplica a tu vida, y reconoce que ese texto alimenta y sana todo tu ser, llevándote de sentirte estresada a sentirte bendecida.

Gracias, Dios, por alimentarme, por sanarme con el poder de tu Palabra.

Inversión fiel

«¡Bien hecho! —exclamó el rey—. Eres un buen siervo. Has sido fiel con lo poco que te confié, así que como recompensa serás gobernador de diez ciudades».

LUCAS 19.17 NTV

Antes de emprender un largo viaje, un noble reparte cinco kilos de plata entre tres siervos, diciéndoles: «Inviertan esto por mí mientras estoy de viaje» (v. 13 NTV). Cuando el noble regresa como rey, el primer siervo le cuenta que invirtió su parte del dinero del amo y lo multiplicó por diez. El segundo dice que su inversión se quintuplicó. Ambos siervos son recompensados según el beneficio obtenido. Pero el último siervo, que, como temía al amo, se limitó a esconder el dinero para mantenerlo a salvo, es despojado de lo que había recibido.

Dios quiere que inviertas los dones que te ha dado, pero no que te estreses por los resultados. Tu responsabilidad es hacer solo lo que él te pide. Luego, tranquila, déjale a él los resultados, y regresa para recibir nuevas órdenes, regocijándote por una tarea completada en su nombre.

Señor, muéstrame cómo invertir los dones que me has dado y dejarte a ti los resultados.

Bajo la influencia

—Maestro —le dijeron—, sabemos que dices
y enseñas lo que es correcto y no te dejas influir
por lo que piensan otros.
Enseñas con verdad el camino de Dios.

LUCAS 20.21 NTV

El pastor Harry Emerson Fosdick dijo: «Orar es ponerse bajo la influencia de Dios». Según etymonline.com, *influencia*, al menos en su forma inglesa *influence*, es un término astrológico de finales del siglo XIV, que significa «poder etéreo que fluye de las estrellas cuando están en ciertas posiciones, actuando sobre el carácter o el destino de los hombres» y también «flujo de agua, un fluir hacia dentro».

Detente un momento. Pregúntate bajo qué influencia estás la mayor parte del día. Luego piensa en cómo puedes ponerte bajo la influencia de Dios todo el tiempo a través de la oración. Así evitarás ceder a la influencia de la sociedad, los medios, etc., y mantendrás seguro tu camino hacia la paz.

Estoy cansada de preocuparme por lo que
piensen los demás de quién soy, de lo que hago.
Quiero que tú, Señor, seas mi única influencia.
Derrama sobre mí tu Espíritu que me guía.

El silencioso poder de las mujeres

En quietud y en confianza
será vuestra fortaleza.
ISAÍAS 30.15 RVR1960

En la serie británica *Wycliffe*, el detective Charles Wycliffe le comenta a su esposa: «Es interesante, ¿verdad?, el silencioso poder de las mujeres». Esta afirmación es tan cierta hoy como miles de años atrás.

Fíjate, los hombres protagonizan la mayoría de las alocuciones en la Biblia. Pero la mayoría de las mujeres, cuando hablan, lo hacen con pasión y poder. Ester sugirió un ayuno para su pueblo y luego dijo: «Si perezco, que perezca» (Ester 4.16 RVR1960). La mujer con flujo de sangre pensó (pero no dijo): «Si tan solo tocara su túnica, quedaré sana» (Marcos 5.28 NTV). Las mujeres que estaban en pie junto a la cruz dijeron... nada. Y, en el sepulcro, cuando María Magdalena se dio cuenta de que el hortelano era en realidad Jesús, dijo simplemente: «¡Maestro!», y luego corrió a dar la buena noticia a los demás.

No te estreses. Tienes un poder en el silencio. La oración forma parte de ese poder. Estrésate menos, ora más.

Señor, que mi confianza en
ti sea mi fuente de poder silencioso.

Agente de cambio

Así que tengan cuidado de cómo viven [...]. Saquen el mayor provecho de cada oportunidad [...]. No actúen sin pensar, más bien procuren entender lo que el Señor quiere que hagan [...], sean llenos del Espíritu Santo [...] y haciendo música al Señor en el corazón.

EFESIOS 5.15-19 NTV

¿Quieres cambiar algo en tu vida, vivir más en el mundo de Dios que en el que tú has creado para ti? Aprovecha el poder del Espíritu Santo. Él es el agente de cambio que te llevará donde Dios desea que estés. Está tan cerca como el respirar, como una oración. Es el don que te entrega Aquel que te amó tanto que murió por ti en la cruz.

No solo es tu Consolador, Consejero, Motivador y Fuente de Vida. Es quien cambiará tu actitud (ver Romanos 12.2) y tu altitud, acercándote cada vez más al Dios de tu corazón, mente, cuerpo y alma.

Señor, estoy lista para un cambio en mi vida. Ayúdame a gestionarlo, acercándome cada vez más a ti en el proceso.

Lento y constante

Los planes cuidadosos tienen éxito;
los que se hacen de afán llevan al fracaso.
PROVERBIOS 21.5 PDT

¿Cuántas veces te has sentido estresada porque tu jefe te dijo que necesitaba ese informe ayer? ¿Cuántos días a la semana vas a toda prisa de una actividad infantil a otra y luego corres a casa para preparar la cena antes de que llegue tu marido? ¿Cuántas veces has tomado lo que parecía un atajo, pero has descubierto que en realidad tardabas más?

Dios quiere que todas las cosas que hagamos sean a su tiempo, a su ritmo. Proverbios 21.5 (NTV) dice que «los atajos tomados a la carrera conducen a la pobreza». ¿Cómo podemos andar bien con Jesús si siempre estamos revolviéndonos en el yugo que nos une a él?

Primero, cambia tus pensamientos. Debes saber que Dios te ayudará a hacer lo que hay que hacer cada día, y el resto esperará. Despacio y con constancia se gana la carrera.

Señor, ayúdame a ir más despacio en mis pensamientos y acciones, sabiendo que todas las cosas se harán a tu tiempo.

Ritmo natural

«Vengan a mí todos ustedes que están cansados de sus trabajos y cargas, y yo los haré descansar. Acepten el yugo que les pongo, y aprendan de mí, que soy paciente y de corazón humilde; así encontrarán descanso. Porque el yugo que les pongo y la carga que les doy a llevar son ligeros».

MATEO 11.28-30 DHH

Dedica un momento ahora mismo a apartarte junto a Jesús. En su presencia, puedes encontrar, recuperar, tu verdadera vida, tu vida en y con él. Solo él puede mostrarte cómo darte un respiro de verdad, con su paz, su amor, su fuerza, su cuidado. Él está deseando que tomes su mano, camines con él, trabajes con él, juegues con él. Jesús te ha dado ejemplo, te ha mostrado cómo pasar más tiempo con Dios Padre. Cómo subir sola a la montaña y orar.

Aprende el ritmo natural de la buena gracia de Dios. Él está esperando para mostrártela. ¿Estás dispuesta a aprender de él y apartarte del estrés que te acosa?

Señor, estoy dispuesta a aprender tu ritmo. ¡Ayúdame a recuperar mi vida!

Pero…

Los jebuseos que moraban en aquella tierra [...] hablaron a David, diciendo: Tú no entrarás acá, pues aun los ciegos y los cojos te echarán (queriendo decir: David no puede entrar acá). Pero David tomó la fortaleza de Sion.

2 SAMUEL 5.6-7 RVR1960

Cuando tienes a Dios de tu lado, no hay necesidad de estrés y presión, ni siquiera cuando te dicen que tus esfuerzos serán inútiles. Y es que Dios siempre tiene un «pero» bajo la manga. Cuando te mantienes en sintonía con su Espíritu, y le permites gobernar tu corazón, mente, cuerpo y alma, su poder puede obrar a través de ti. Él te capacitará para hacer más de lo que tú y los demás piensan que puedes hacer.

Deja que el «pero» de Dios tranquilice tu mente y fortalezca tu espíritu. Debes saber que Dios edificará sobre lo que tú logres con su poder porque, igual que con David, «Jehová Dios de los ejércitos» (v. 10 RVR1960) está contigo.

Señor, ayúdame a ver tu «pero» en todos los desafíos a los que me enfrento y a saber que tu poder está conmigo. En el nombre de Jesús, amén.

En el centro

No se aflijan por nada, sino preséntenselo todo
a Dios en oración; pídanle, y denle gracias también.
Así Dios les dará su paz, que es más grande de lo
que el hombre puede entender; y esta paz cuidará sus
corazones y sus pensamientos por medio de Cristo Jesús.
FILIPENSES 4.6-7 DHH

Cuando la preocupación se apodere de ti y el estrés asome su feo rostro, pregúntate: ¿qué ocupa el centro de tu vida? ¿Con quién compartes tus preocupaciones? ¿Cómo las compartes?

Si el centro de tu vida son el dinero, las posesiones o las personas, es probable que te desvíes del camino. Si cuentas a los demás todas tus preocupaciones con críticas y despropósitos, esas preocupaciones cobran más fuerza.

Dios quiere que vengas a él con todas tus cosas, por triviales que te parezcan. Cuando ores, sazona tus peticiones con alabanzas. Así no solo cambiará tu perspectiva, sino que te dará un sentido de la paz de Dios a la vez que Cristo «desplaza la preocupación al centro de tu vida».

Hablemos, Señor. ¡Sé tú mi centro!

Intercambio asombroso

En completa paz me acuesto y me duermo,
porque tú, Señor, me haces vivir tranquilo.
Salmos 4.8 PDT

Cuando oramos antes de acostarnos —con todo nuestro corazón, cuerpo, mente, alma y fuerzas— y ponemos todas nuestras preocupaciones y tensiones a los pies de Dios, se produce un intercambio asombroso. Jesús toma sobre sus hombros todos nuestros problemas y nos da su paz. Al ser abrazadas por él, Jesús nos rodea con su protección. Somos ovejitas en brazos del Gran Pastor, el que promete llevarnos junto a aguas de reposo y verdes pastos.

Solo así podemos acostarnos y dormir en paz. Porque solo en sus brazos, en su presencia, en su luz, estamos realmente seguras, confiadas en que así como está con nosotras en la oscuridad de la noche, también lo estará en la luz de la mañana.

Te ruego que me pongas bajo tu amoroso cuidado, Señor. Guárdame durante la noche.

Pensamientos

Porque mis pensamientos no son vuestros pensamientos,
ni vuestros caminos mis caminos, dijo Jehová.
Como son más altos los cielos que la tierra, así son
mis caminos más altos que vuestros caminos, y mis
pensamientos más que vuestros pensamientos.
Isaías 55.8-9 RVR1960

Todo el tiempo nos pasan pensamientos por la cabeza, seamos o no conscientes. Pero si nos detuviéramos y nos fijáramos en lo que nos decimos a nosotras mismas (o a los demás), podríamos descubrir que algunos de nuestros pensamientos nos están causando estrés (a nosotras o a los demás).

Los pensamientos de Dios no son los nuestros. Él lo deja perfectamente claro. Pero podemos cambiar los nuestros para que se parezcan más a los suyos. Podemos renovar nuestra mente cada mañana y a lo largo del día para que sea más como la suya. Podemos cantarnos una nueva canción, con sus promesas y no nuestros problemas, su aliento y no nuestro desánimo. Haz que tus pensamientos se parezcan más a los de Dios y transformarás tu mundo.

Señor, ayúdame a ser más consciente de mis pensamientos. Ayúdame a cambiarlos para que coincidan con tu forma de pensar.

Estrés que hunde

«Si alguien le dice a este cerro: "¡Quítate de ahí y arrójate al mar!", y no lo hace con dudas, sino creyendo que ha de suceder lo que dice, entonces sucederá. Por eso les digo que todo lo que ustedes pidan en oración, crean que ya lo han conseguido, y lo recibirán».

MARCOS 11.23-24 DHH

Los factores estresantes del día a día pueden convertirse en auténticas montañas si se lo permitimos. Pero Jesús nos ha dado una salida. Él nos dice que oremos por «absolutamente todo» y que tras nuestras oraciones pongamos nuestra fe en él. Cuando lo hacemos, cuando abrazamos plenamente esta vida de Dios, descubrimos que todo es posible.

Así que cree de todo corazón en las promesas de Dios. Afirma que nada es imposible para el que cree (ver Marcos 9.23). Que, con Dios, nada ni nadie prevalece contra ti (ver Romanos 8.31). Pronuncia las promesas de Dios ante la montaña de estrés que tienes delante. Así, se arrancará, se levantará y se arrojará al mar.

¡Señor, abrazo de todo corazón esta vida de Dios! Afirmo tus promesas y veo cómo mi estrés se hunde en el mar.

Una nueva canción

Canten al Señor una canción nueva;
canten al Señor, habitantes de toda la tierra.
SALMOS 96.1 DHH

¿Qué canción tenías en la cabeza esta mañana? ¿Qué has estado tarareando inconscientemente esta tarde? ¿Qué puede estar «sonando» en tu cabeza esta noche? ¿Qué coro oirás cuando tu cabeza toque la almohada?

Poner atención en lo que tarareamos y cambiar la canción puede transformar nuestras vidas. Cuando cambiamos esa canción en nuestra cabeza para recordar alguna de las promesas o verdades de Dios, estamos, en efecto, adorando a nuestro gran Dios.

La forma más eficaz de hacerlo es afirmar cada pensamiento. ¿Qué te dice? ¿Está de acuerdo con las promesas o verdades de Dios? Si no, sustitúyelo por aquello que Dios quiere que pienses. En efecto, estarás usando la maravillosa Palabra de Dios para vencer lo que el engañador pueda haber plantado en tu cerebro. Aquí tienes una canción general para empezar a deshacer las mentiras que te llevan al estrés:

«El SEÑOR es mi pastor,
nada me falta» [Salmos 23.1 PDT] .

La perspectiva de Dios

Luego esparcieron falsos rumores entre los israelitas acerca de la tierra que exploraron, diciendo: —La tierra que exploramos es una tierra que se traga a la gente que vive en ella.

NÚMEROS 13.32 PDT

De los doce exploradores que Moisés envió a la tierra prometida, diez regresaron con un «informe negativo», diciendo: «Vimos incluso a los Nefilim [...] descendientes de Anac. Ante ellos nos sentimos como saltamontes y así les parecíamos nosotros a ellos» (v. 33 PDT). Sin embargo, Caleb le dijo al pueblo: «Subamos a conquistar esa tierra. Estoy seguro de que podremos hacerlo» (v. 30 PDT).

El primer informe era malo porque aquellos diez exploradores habían imaginado que los retos que tenían ante sí eran más grandes que su Dios. Pero Caleb sabía que nada podía derrotarlos. Gracias a la perspectiva divina de Caleb, el Señor dijo: «Ha tenido un espíritu diferente y me ha obedecido fielmente. Por eso a él sí lo dejaré entrar en el país que fue a explorar» (Números 14.24 DHH).

Ayúdame, Señor, a verte a mi lado en cada desafío al que me enfrente.

Centrarse

Jesús le dijo:
—¿Qué quieres que haga por ti?
MARCOS 10.51 PDT

Cuando nos encontramos corriendo tras mil cosas diferentes, incapaces (o poco dispuestas) a centrarnos exactamente en lo que queremos, puede sobrevenirnos el estrés. Cuando Jesús se encontró con un mendigo ciego que gritaba su nombre, se detuvo y le preguntó: «¿Qué quieres que haga por ti?». Aunque Jesús sabía que el hombre quería la vista, no limosna, no hizo ningún movimiento hasta que el mendigo le dijo: «Maestro, quiero ver de nuevo» (v. 51 PDT). «Jesús le dijo: Puedes irte, tu fe te ha sanado. Enseguida el hombre pudo ver y siguió a Jesús por el camino» (v. 52 PDT).

Tómate un tiempo para reflexionar: ¿qué quieres realmente que Jesús haga por ti? Luego ora y sigue tu camino, y tu fe te sanará mientras sigues a Jesús por el camino.

Señor, ayúdame a centrarme en lo que realmente quiero y luego confiar en ti mientras sigo tu camino.

Malgastar el tiempo

Puedo enfrentar cualquier situación porque Cristo me da el poder para hacerlo.

Filipenses 4.13 PDT

A menudo, el estrés viene porque pensamos que somos lo suficientemente fuertes como para hacerlo todo, sin tener en cuenta cómo son nuestra vida y práctica espiritual. Pero Jesús nos ha dicho claramente que, a menos que tengamos una relación cercana y activa con él, permaneciendo en él constantemente, solo estaremos malgastando el tiempo. Porque separados de él nada podemos hacer (ver Juan 15.5).

Por lo tanto, necesitamos profundizar cada día en la Palabra, creer en sus promesas, caminar en su camino, y orar, orar, orar. Obrando de esa manera, nos damos cuenta de que no necesitamos hacerlo todo. Pero, para lo que él quiere que hagamos, nos dará toda la fuerza que necesitamos.

Sé que no soy nada sin ti, Señor. Así que ahora vengo a ti buscando la fuerza para hacer lo que me has llamado a hacer. En el nombre de Jesús, amén.

El remedio del perdón

Tienen que vestirse de tierna compasión, bondad, humildad, gentileza y paciencia. Sean comprensivos [...]. Recuerden que el Señor los perdonó a ustedes, así que ustedes deben perdonar a otros.

COLOSENSES 3.12-13 NTV

Es asombroso cuán bien nos conoce Dios, hasta qué punto su Palabra es un remedio para todos nuestros males. Dios sabe que el perdón no solo nos beneficia en el plano espiritual, sino también en el físico. De hecho, se ha demostrado que perdonar a los demás reduce no solo el estrés, sino también la depresión ¡y la presión arterial! ¡También mejora los niveles de colesterol y el sueño! Pero no se trata solo de decir las palabras «te perdono», sino de tomar la decisión consciente de liberar todos tus sentimientos negativos hacia esa persona y lo que te ha hecho, tanto si crees que se merece tu perdón como si no. Aunque esa persona seas tú misma.

Y la ventaja de todo esto es que, a medida que perdonas a los demás, Dios te perdona a ti. Así que ve más a lo profundo. Chequéalo en ti misma. ¿A quién tienes que perdonar?

Señor, tráeme a la mente a quiénes necesito perdonar, y ayúdame a hacerlo ahora mismo.

La bondad de Dios

Yo, en cambio, espero disfrutar de la bondad del Señor mientras viva. Mientras aguardan, confíen en el Señor. Sean fuertes y valientes, y esperen que el Señor les ayudará.

Salmos 27.13-14 PDT

Cuando sentimos que el mundo se nos derrumba encima, puede resultar difícil, si no imposible, levantarnos. Es entonces cuando necesitamos reunir toda nuestra energía para reflexionar sobre las palabras de Salmos 27.13–14 y escribirlas en nuestros corazones. Porque solo Dios y su Palabra tienen el poder de sacarnos de nosotras mismas y llevarnos a su luz.

El rey bíblico David, el autor de estos versos, sabía que para sobrevivir en la contienda, debía tener fe, creer que vería a Dios traer algo bueno a su vida, por terrible que fuera la situación. Con valor y perseverancia, esperó a ver la bondad de Dios.

Sé que veré tu bondad ¡en este mundo y en mi vida, Señor!

Confía

Confía en el Señor y haz el bien; vive de la tierra que Dios te dio y haz tu trabajo con seguridad.

Salmos 37.3 PDT

Dios quiere que confíes en él. Que te apoyes realmente en él, sabiendo que solo él puede sostenerte, darte la fuerza para mantenerte en pie. Él quiere que sepas que puede confiar en él, segura de que lo que él ha prometido en su Palabra es una promesa personal para ti, sin restricciones. Cuando poseas esa confianza, podrás hacer lo que él desea. Puedes llevar una vida de menos estrés, de seguir sus pasos, de practicar sus bondades. Cuando lleves ese tipo de vida, creyendo en él con todo tu corazón, todas tus necesidades serán satisfechas.

Confía en Dios, el que te ha amado y ha provisto para ti desde el principio, y todo lo demás encajará en su lugar.

Señor, cuento contigo, confío en que me tienes en tu mano. Ayúdame a descansar segura en esa certeza.

Verdadero deleite

El SEÑOR *te da gozo, disfrútalo,*
y él te dará lo que más deseas.
SALMOS 37.4 PDT

Es fácil estresarnos, arrastradas hacia mil direcciones diferentes al intentar satisfacer nuestros deseos o los de otros. Al tratar de «satisfacernos» a nosotras mismas o a otros, perdemos de vista nuestro verdadero camino. Luego, cuando conseguimos lo que deseamos (o lo que desean los demás), descubrimos que no nos satisface o que hay otro deseo a la vuelta de la esquina, y volvemos a empezar su búsqueda.

Dios quiere que seas consciente de que el único deseo que puede darte verdadero descanso y paz en esta vida es deleitarte en él, haciendo que tu única meta sea la cercanía y comunión con él. Esto no solo recolocará todos tus otros deseos en el lugar adecuado, ya que tus deseos comenzarán a alinearse con los de Dios, sino que te permitirá descansar de la búsqueda de deseos que parece no tener fin.

Señor, estoy poniéndome en mi lugar,
dándome tiempo para descansar y deleitarme
en ti, mi verdadero deleite y deseo.

Sacar lo mejor de una misma

Entrega al Señor tu vida;
confía en él y Dios actuará.
Salmos 37.5 PDT

Entrégale todo de tu vida a Dios y confía en que él te dará toda la fuerza, sabiduría y ayuda que necesites mientras caminas con él. Deja que todas las ofensas, problemas, cuestiones, comentarios y tensiones pasen de tus hombros a sus manos. Él sabrá qué hacer con todo eso. Descansa sabiendo que puedes confiar en Dios; él sabe lo que hace, él ve el final y todas las cosas ayudarán a bien.

Confía en Aquel en quien confió Abraham, cuyo hijo fue salvado gracias a la provisión de un carnero. Confía en Aquel en quien confió José, un esclavo, que luego fue prisionero y al final fue un poderoso gobernante en Egipto.

Señor, encomiendo a ti mi camino,
sabiendo que tú sacarás lo mejor de mí.

Quietud y satisfacción

Sé paciente y espera las obras del Señor.
No te enfurezcas cuando veas
que los perversos se salen con la suya.
Salmos 37.7 pdt

Cuando empieces a aliviar tu estrés confiando en el Señor y deleitándote en él, encomendándole tu camino, te encontrarás más tranquila, más en paz, más capaz de reposar en Dios. Dejarás de comparar tu vida con la de otros que siempre parecen ir un paso por delante de ti. En cambio, esperarás pacientemente a Dios, sabiendo que él hará todo lo bueno a su tiempo. No debes temer ni preocuparte. Tú y tu vida están en las buenas manos de Dios, y saber esto trae una nueva y maravillosa tranquilidad y satisfacción a tu vida, una firmeza que nunca habías experimentado.

Señor, aquí estoy, apoyada en ti, escuchando
cómo tu respiración y la mía se sincronizan.
Lléname de una paz incomprensible mientras
te entrego mi camino y mis deseos, confiando
y deleitándome en ti y en tu amor.

Haz lo que puedas

«Esta mujer ha hecho lo que ha podido».
MARCOS 14.8 DHH

En Marcos 14, una mujer, movida en su corazón y espíritu por Dios, derramó un caro perfume sobre la cabeza de Jesús. Los presentes murmuraron que estaba desperdiciando un perfume que podría haberse vendido para dar el dinero a los pobres. Pero Jesús les dijo que la dejaran en paz: «Ha hecho lo que ha podido: ha perfumado mi cuerpo de antemano para mi entierro. Les aseguro que [...] será recordada» (vv. 8-9 DHH).

Dios quiere que estés abierta al Espíritu y sigas sus impulsos, que hagas lo que él quiere que hagas, con lo que él te da, cuando puedas hacerlo. Y deja los resultados, comentarios y consecuencias en sus manos. Cada día, escucha, haz, olvida lo que no hayas hecho y luego descansa en él, satisfecha de haber hecho lo que pudiste.

Señor, ayúdame a hacer lo que pueda y dejar el resto en tus maravillosas y poderosas manos.

Primero una respuesta

En el día que temo, yo en ti confío. En Dios alabaré su palabra; en Dios he confiado; no temeré [...]. Esto sé, que Dios está por mí. En Dios alabaré su palabra; en Jehová su palabra alabaré. En Dios he confiado; no temeré;.

SALMOS 56.3-4, 9-11 RVR1960

David escribió estas palabras cuando estaba en apuros. Tres veces habla de su confianza en Dios, de cómo, gracias a esa confianza, no necesita temer a nada ni a nadie. Tres veces dice que alaba la Palabra de Dios, recordando cómo sus promesas se han hecho realidad para él en el pasado. Y entre tanta confianza y alabanza, escribe siete palabras llenas de poder: «Esto sé, que Dios está por mí».

Usa estas palabras para que cuando surjan situaciones estresantes puedas responder en lugar de reaccionar.

No debo temer porque sé que tú estás por mí, Dios. ¡Te alabo a ti y alabo el poder de tu Palabra!

Despierta con regocijo

Este es el día que hizo Jehová;
nos gozaremos y alegraremos en él.
SALMOS 118.24 RVR1960

Dale Evans Rogers dijo: «Cada día que vivimos es un regalo de Dios que no tiene precio, cargado de posibilidades de aprender algo nuevo, de adquirir nuevos conocimientos». ¿Cuán lleno de maravillas sería nuestro día si despertáramos regocijándonos por el nuevo día que el Señor nos ha hecho?

¿Por qué no evitar el estrés memorizando las palabras de Salmos 118.24 y recitándolas en voz alta antes de poner los pies en el suelo cada día? Ten curiosidad por lo que puedas aprender ese día, por las potenciales intervenciones de Dios. Mantén los ojos abiertos para ver la mano de Dios en todas las circunstancias. Alábalo por la belleza de las personas y las cosas comunes y cotidianas que te rodean. Deja que su alegría dibuje en tu rostro una sonrisa mientras experimentas el inestimable don de la vida.

Me regocijo en los preciosos momentos
que me has dado hoy, Señor, ¡y mantengo
mis ojos abiertos para ti!

La torre del poder

El nombre del SEÑOR es como una torre fortificada,
a donde corre el justo para salvarse.
PROVERBIOS 18.10 PDT

Hay días en los que no se puede ir más abajo. Es un hecho. No todos los momentos de nuestro día van a ser de color de rosa. Pero, afortunadamente, Dios ha provisto un plan de salida para esos momentos angustiosos y llenos de estrés. Cuando las cosas se pongan difíciles, acude a Dios. Grita su nombre y dirígete a su presencia. Corre, escala, escapa hacia él —mental, espiritual, emocional, incluso físicamente si hay una iglesia cerca—, a un lugar de seguridad y fortaleza, muy por encima de cualquier cosa por la que estés pasando. Si te rodea su presencia, nada puede dañarte en realidad. Y tienes un espacio para recuperar el aliento, calmar tu espíritu, tranquilizar tu mente, asentar tu alma. Quédate todo el tiempo que quieras hasta que estés preparada para afrontar el reto que tienes ante ti.

Corro hacia ti, Señor, mi Torre Fuerte.
Porque en ti sé que estoy a salvo.

Pesado

Confía al Señor todas tus preocupaciones,
porque él cuidará de ti;
él nunca permitirá que el justo quede
derribado para siempre.
Salmos 55.22 PDT

Proverbios 12.25 (PDT) dice: «Las preocupaciones no dejan a la gente ser feliz». Entonces, ¿qué hacemos con nuestras preocupaciones y tensiones, que se han vuelto tan agobiantes que nos tienen encorvadas y casi sin poder respirar? Dios quiere que acudamos a él cada día —o cada momento, si es necesario— y que dejemos en sus manos todo ese peso que tenemos sobre nuestro corazón. Cuando lo hagamos, puede que él no nos saque de la situación, pero nos mantendrá con fuerza y nos dará paz en medio de ella. Y una vez que nuestros corazones, mentes y almas estén libres de la carga, Dios se asegurará de que nada ni nadie nos desvíe del rumbo que él ha fijado para nuestras vidas.

¿Qué ansiedad te agobia? Entrégasela a Dios; luego mantente firme.

Señor, muéstrame qué cargas debo entregarte.

Desde las profundidades

Él cambia los tiempos y las estaciones, pone y quita reyes.
Da sabiduría a los sabios e inteligencia a los expertos.
Él revela los secretos más profundos; conoce todo lo que hay en la oscuridad porque la luz vive junto a él.

DANIEL 2.21-22 PDT

Cuando no sepas qué hacer, cuando estés buscando una respuesta, cuando estés estresada pidiendo una bendición, acude a la Palabra de Dios. Mírala como «la Palabra de Dios que habla desde las profundidades de un pasado casi inimaginable hasta las profundidades de nosotros mismos» (Frederick Buechner, *Listening to Your Life,* lectura del 14 de junio).

Tu historia está dentro de la historia de Dios. Ora para que él te dé la sabiduría y el conocimiento que necesitas para elevarte por encima de tu angustia. Busca el secreto que él está deseando transmitir. Deja que él te muestre el camino hacia su luz. Decide permitir que su profundidad llame a tu profundidad (ver Salmos 42.7).

Dios, habla desde tus profundidades hasta las mías.
Revélame en tu Palabra lo que tú quieres que yo sepa.

Dios me sacó

Pero en mi angustia, clamé al Señor; sí, oré a mi Dios
para pedirle ayuda. Él me oyó desde su santuario;
mi clamor llegó a sus oídos [...].
Él extendió la mano desde el cielo y me rescató;
me sacó de aguas profundas.
SALMOS 18.6, 16 NTV

Cuando no sepas qué hacer o adónde ir, acude a Dios en oración. Imagina la diestra de Dios extendiéndose para salvarte. Debes saber que él te dará la fuerza y el ánimo que necesites para seguir adelante. Él te protegerá de todo lo que venga contra ti.

Nunca dudes que Dios tiene un plan para tu vida y lo está llevando a cabo, incluso ahora mismo. Abriste este libro en esta página y estás leyendo estas palabras por una razón. Para que tengas la seguridad de que Dios sigue hablando a tu vida con un amor más allá de lo comprensible.

Señor, descanso en el conocimiento de que nada te impedirá verme, de que tú me darás la fuerza que necesito para vivir la vida que has planeado para mí.

Brazos bien abiertos

Manténganse firmes en su santísima fe. Oren guiados por el Espíritu Santo. Consérvense en el amor de Dios y esperen el día en que nuestro Señor Jesucristo, en su misericordia, nos dará la vida eterna.

JUDAS 1.20-21 DHH

A veces una mujer ora un SOS: «¡Dios, ayúdame!». A veces ora por costumbre, con palabras tan largamente ensayadas o memorizadas que su significado queda oscurecido, cubierto, se olvida. Luego hay oraciones que no se basan en la voluntad de Dios, sino en nuestras propias ambiciones, deseos o necesidades.

Para fortalecer su fe, el consejo para esa mujer es que ore en el Espíritu Santo. Eso significa orar al compás del Espíritu, de acuerdo con su voluntad. Así se mantendrá en el centro del amor de Dios con los brazos abiertos, dispuesta a recibir todo lo que Jesús tiene que ofrecer.

Ayúdame, Espíritu Santo, a estar en armonía con tu voluntad, tu propósito, tus planes... no los míos. Mantenme en el centro del amor de Dios.

Llamar a Dios

«Llámame y te responderé, y te anunciaré cosas grandes y misteriosas que tú ignoras».

JEREMÍAS 33.3 DHH

Nunca sabes cuándo Dios te va a revelar algo, alguna verdad que necesitas saber, algún secreto que te ayude a unir los puntos, ver su mano, descubrir la solución, encontrar algo de esperanza. Y Dios puede darte ese mensaje estés donde estés. (Jeremías recibió las palabras de este versículo mientras estaba preso). Pero tienes que invocar a Dios. Tienes que orar a él. Cuando lo hagas, él te responderá, ¡te dirá cosas que de otro modo nunca sabrías! Él —el Creador del universo, el que sabe cómo funciona todo— te ayudará a averiguar las cosas.

La fórmula es sencilla: llama, ora, escucha. Y luego asómbrate ante la maravilla del conocimiento de Dios.

¡Amado Señor, aquí estoy! ¡Habla!
Dime lo que quieres hacerme saber.

En marcha

El Señor dijo a Samuel:
—¿Hasta cuándo vas a estar triste por causa de Saúl? Ya no quiero que él siga siendo rey de Israel [...] quiero que vayas a la casa de Jesé, el de Belén, porque ya escogí como rey a uno de sus hijos.

1 Samuel 16.1 dhh

Tenías un plan. Pero las cosas no salieron como pensabas. Sin embargo, parece que sigues enojada, dándole vueltas a lo que parece ser una oportunidad perdida, lamentando lo que podría haber sido, tal vez incluso tratando de forzar las cosas para que salgan como quieres.

Dios quiere que dejes de estresarte por lo que podría haber sido. Él está listo para que sigas adelante, para que te pongas en marcha, para dar el siguiente paso en su plan.

Pregúntale a Dios cuál es su siguiente paso para ti. Él ya sabe cuál es tu próxima oportunidad para cooperar con su plan y que redunde en su bien para todos los implicados. ¿A qué esperas? En marcha.

Señor, no sé bien por qué las cosas no funcionaron, pero sé que tú tienes un plan. Así que estoy lista, Señor. Muéstrame adónde ir.

Dios en acción

«Porque donde dos o tres se reúnen en mi nombre, allí estoy yo en medio de ellos».
MATEO 18.20 DHH

La escritora Emily Kimbrough dijo: «Recuerda, todos tropezamos, todos sin excepción. Por eso es un consuelo ir de la mano». Dios abunda en esto en Eclesiastés 4.12 (DHH) cuando dice: «Uno solo puede ser vencido, pero dos podrán resistir. Y además, la cuerda de tres hilos no se rompe fácilmente».

Jesús hace que esta idea sea aún más poderosa. Dice que cuando dos oran, Dios nuestro Padre «entra en acción». Y cuando los creyentes se reúnen en el nombre de Jesús, podemos estar seguros de que él está en medio.

Así que estrésate menos, tomando a un creyente (o a dos) de la mano. Aprovecha el consuelo y la fuerza que te aporta ser dos o tres. Espera que Jesús te acompañe. ¡Y mira cómo Dios entra en acción!

¡Aquí estamos, Señor! ¡Aprovechamos tu promesa!

Fe paciente

Y se acordó Dios de Noé, y de todos los animales, y de todas las bestias que estaban con él en el arca; e hizo pasar Dios un viento sobre la tierra, y disminuyeron las aguas.

Génesis 8.1 rvr1960

¿Piensas que Dios se ha olvidado de ti? ¿Que te ha dejado a la deriva en una tormenta de estrés de cuarenta días y cuarenta noches? No te creas esas mentiras ni por un instante. Dios se acuerda de ti.

Justo cuando creas que las aguas del caos no pueden subir más, Dios detendrá el diluvio. Cuando las aguas comiencen a retirarse, él te hará descansar en tierra firme. Y a medida que las aguas sigan retirándose, Dios renovará el mundo que te rodea, preparando el terreno para tu próximo paso en tierra.

Ten paciencia. En el caso de Noé, transcurrieron 370 días entre la primera gota de lluvia y el momento en que Noé y los suyos salieron del arca. Ten fe. Porque fue por y gracias a la fe como Noé siguió a Dios, construyó un arca, salvó a su familia y tuvo la oportunidad de llegar a andar con Dios (Hebreos 11.7).

Confío en tus tiempos, Señor. Bendice mi fe.

Celebración de la mujer espiritual

Por eso, no nos damos por vencidos.
Es cierto que nuestro cuerpo se envejece
y se debilita, pero dentro de nosotros nuestro
espíritu se renueva y fortalece cada día.
2 CORINTIOS 4.16 PDT

Sí, nuestro cuerpo cambia día a día. Desde que nacemos, nuestras vestiduras terrenales empiezan a desgastarse. Esa es la noticia no tan buena. La mejor noticia es que, le ocurra lo que le ocurra a nuestra mujer exterior (el yo físico), la mujer interior (el yo espiritual) se renueva de día en día. Ello se debe a que «no nos interesa lo que se puede ver, sino lo que no se puede ver, porque lo que se puede ver, sólo dura poco tiempo. En cambio, lo que no se puede ver, dura para siempre» (v. 18 PDT).

Así que, con tus ojos fijos en Cristo, deja de estresarte por las nuevas arrugas en tu rostro y, más bien, celebra la belleza de tu espíritu interior.

Señor, ayúdame a tener mis ojos
puestos en lo invisible.

Confianza

Con él está el brazo de carne, mas con nosotros está Jehová nuestro Dios para ayudarnos y pelear nuestras batallas. Y el pueblo tuvo confianza en las palabras de Ezequías rey de Judá.

2 Crónicas 32.8 RVR1960

Gran parte del estrés proviene de no tener confianza en nuestras capacidades, de tener poca fe en que Dios puede ayudarnos a hacer todo aquello para lo que nos ha llamado.

Pero la verdad es que, gracias a que está en nuestra vida, Dios nos da poder y nos faculta para hacer todo lo que quiere que hagamos, ¡no importa cuán grande o pequeño sea el trabajo! Y Dios no es solo un brazo de carne, un ayudante humano que a veces está ahí. Es el Señor del universo, el Planificador Maestro, el que puede hacer que el sol se detenga en el cielo. Confía en estas realidades. Debes saber que él te está ayudando a librar cada batalla que se te presente. Cuando lo hace, otras personas que lo ven sabrán que «por nuestro Dios [ha] sido hecha esta obra» (Nehemías 6.16 RVR1960).

Haz que crezca mi confianza en ti, Señor.

Fuera de sintonía

Ya que el Espíritu nos da vida,
debemos dejarlo que nos guíe.
GÁLATAS 5.25 PDT

Cuando el estrés empieza a dominar nuestras vidas, la causa de fondo puede ser que estamos siguiendo al mundo en lugar de la Palabra, al ritmo de la sociedad en lugar de al Espíritu. La presencia del estrés nos dice que debemos detenernos, levantar la vista del camino que estamos transitando y evaluar dónde estamos. Debemos decidir regresar al buen camino, volver a estar en sintonía con lo que profesamos como cristianas, pidiendo a Dios que recalcule nuestra ruta, que cambie nuestra visión, para que sea la suya, antes de que tropecemos y caigamos aún más lejos de lo que él quiere que seamos y hagamos.

Señor, me he salido de la sintonía con el Espíritu.
Ayúdame a volver a tu senda. Muéstrame
el camino que debo seguir. Cambia mis
pensamientos para que sean más como los tuyos.

Lo único que necesitamos

Nosotros confiamos en el Señor; ¡él nos ayuda y nos protege! Nuestro corazón se alegra en el Señor; confiamos plenamente en su santo nombre.

Salmos 33.20-21 DHH

Cuando nos damos cuenta de que Dios es lo único que necesitamos, ya no hay razón para estresarse. Él es nuestra ayuda, nuestro escudo, nuestra fortaleza. Cuando permanecemos en él, nos llenamos del gozo de su presencia.

Las personas nos defraudarán. Es un hecho. Pero Dios no. Podemos apoyarnos en él en las buenas y en las malas. Él nos observa sin cesar, para intervenir y salvarnos cuando nos quedemos atascadas. Él mantiene nuestra integridad como corazón, cuerpo, alma, mente y espíritu.

Apoya todo tu ser en él, y pronto tu estrés desaparecerá con el poder de su amor y su luz.

Dependo de ti, Señor, para todo lo que necesito. Me has sacado tantas veces de las profundidades de la desesperación. Hazlo de nuevo mientras me apoyo en ti.

Primera necesidad

Si lo buscan, lo encontrarán, pero si lo abandonan, él los abandonará a ustedes.

2 Crónicas 15.2 PDT

El Espíritu de Dios vino sobre Azarías, y este habló al rey Asá. Le contó cómo en tiempos pasados «no hubo paz ni nadie podía viajar con seguridad porque ocurrieron muchos desastres en todas las naciones» (v. 5 PDT). (¿Te suena?). Pero si él, y ellos, acudían en busca de Dios, lo encontrarían. «Pero ustedes esfuércense y no bajen la guardia, porque sus trabajos tendrán recompensa» (v. 7 PDT).

Cuando no tengas más que problemas, cuando el estrés te agobie, y no te deje moverte para hacer algo por Dios, busca al Señor. Lo encontrarás esperando para escuchar tu voz y darte la paz para tu mente, cuerpo, espíritu y alma.

Señor, vengo buscando tu rostro, anhelando tu presencia por encima de todo. Dame la paz que solo tú puedes dar. Entonces fortalece mis manos para hacer tu voluntad.

De un gemido a algo bueno

El Espíritu nos ayuda en nuestra debilidad. No sabemos orar como debiéramos, pero el Espíritu mismo intercede por nosotros con gemidos indecibles.
ROMANOS 8.26 NBLA

En medio de una situación estresante o una crisis, nuestras emociones amenazan con tomar el mando. Los pensamientos se dispersan. Los corazones laten sin control. No encontramos nuestra voz, no podemos ni pronunciar una palabra cabal. Entonces el Espíritu de Dios interviene y nos rescata.

En esos momentos, no tenemos la fuerza ni la calma necesarias para concentrarnos en aquello por lo que Dios quiere que oremos. Pero no importa. Basta con unos gemidos, ¡y activamos al Espíritu Santo que ora por nosotros! Y Dios, que conoce nuestros corazones, lo «entenderá». «Captará» lo que queremos decir. Examinará nuestra situación y hará que resulte algo bueno.

Espíritu Santo, a veces me siento tan incapaz, tan sin palabras. Pero tú me conoces. Me ves. Sé tú mi Consolador, mi Mensajero. Cuéntaselo todo a Dios. Convierte mi gemido en algo bueno.

Dios es un guardián

Yo, el Señor, soy quien cuida de él.
Lo riego continuamente y lo vigilo día
y noche, para que nadie le haga daño.
Isaías 27.3 PDT

Eres alguien a quien el Señor ha plantado en este tiempo, en este lugar, en este mundo. Y tu Padre Dios ha prometido cuidarte, regarte con amor, compasión, misericordia, perdón y gracia. Él enviará a sus ángeles para guardarte y protegerte mientras estés despierta y cuando duermas. No hay nada que Dios escatime para mantenerte a salvo y cerca de él. Esa es su parte. La tuya es mantenerte cerca de él.

Para ello, sumérgete en su Palabra, respira en su presencia, busca su rostro y háblale a través de la oración. Sé la flor que él quería que fueses, el lirio que no tiene preocupaciones porque sabe que su jardinero está ahí. Así, descubrirás que no tienes estrés, sino que floreces allí donde estás plantada.

Señor, tú eres mi Guardián, me cuidas constantemente, me proteges. Ayúdame a florecer donde tú me has plantado, para tu gloria.

Tú eliges

«En este día, te doy a elegir entre la vida y la muerte, entre la prosperidad y la calamidad. Pues hoy te ordeno que ames al Señor *tu Dios y cumplas sus mandatos, decretos y ordenanzas andando en sus caminos».*

Deuteronomio 30.15-16 ntv

Cada día, Dios te da a elegir entre una vida con menos estrés o una vida moribunda con más estrés. Para tener lo primero, simplemente ama a Dios, haz lo que él te manda y camina por la senda que él ha puesto ante ti. «Si lo haces, vivirás y te multiplicarás, y el Señor tu Dios te bendecirá a ti y también a la tierra donde estás a punto de entrar y que vas a poseer» (v. 16 ntv). Pero si eliges lo segundo, si decides servir a dioses menores (como el dinero, el orgullo, la avaricia, la envidia, etc.), te espera un camino mucho más duro y una existencia de zombi.

Dios ha dado a su pueblo la libertad y el poder de elegir. ¿Qué vas a elegir? ¿A quién vas a servir?

Señor, gracias por el poder de la elección. ¡Elijo servirte hoy!

Volverse

No hubo otro rey antes de él, que se convirtiese a Jehová de todo su corazón, de toda su alma y de todas sus fuerzas, conforme a toda la ley de Moisés; ni después de él nació otro igual.

2 Reyes 23.25 RVR1960

Es fácil dejarse atrapar por los deseos del mundo, el caos de los medios, el torrente tecnológico, la polarización de la sociedad, pero Dios te quiere menos estresada, vuelta hacia él con todo tu corazón, tu alma y tus fuerzas.

Así que esfuérzate hoy por apartar la mirada del caos y la crisis que te rodean y apóyate en Dios. Porque cuando «fijes tus ojos en Cristo» y mires su rostro «tan lleno de amor», descubrirás que «lo terrenal sin valor será, a la luz del glorioso Señor» (letra de «Fija tus ojos en Cristo», por Helen H. Lemmel [1922]).

Señor, cuando me vuelvo a ti con todo mi ser, mi estrés se desvanece. Así que ahora miro hacia ti, Señor. Ponme al día contigo.

Toma posición

Pero un ángel del Señor abrió de noche las puertas de la cárcel y los sacó, diciéndoles: «Vayan y, de pie en el templo, cuenten al pueblo todo este mensaje de vida».

HECHOS 5.19-20 DHH

De la misma manera que el ángel de Dios rescató a los apóstoles —incluso mientras había una guardia—, Dios puede rescatarte de lo que sea que te tenga prisionera. Sin embargo, él no te ayuda a escapar para que puedas pasar más tiempo viendo la televisión. Dios quiere que seas obediente a lo que él quiere que hagas.

Dios te ha dado la vida por una razón. Él tiene un llamado para ti. Una vez que has hecho a Jesús el Señor de tu vida, es tiempo de ser libre, de ser valiente, de tener paz en él, y de ser obediente a su voz. Él quiere que tomes tu posición y compartas su vida con otros.

Señor, libera mi alma de su prisión. Ayúdame a elevarme por encima de mi estrés para que pueda dar a conocer a los demás las maravillas de tu camino y de tu vida, liberándolos para ti.

A propósito

Oh Dios[...] Me esconderé bajo la sombra de tus alas hasta que haya pasado el peligro. Clamo al Dios Altísimo [...] quien cumplirá su propósito para mí. Él mandará ayuda del cielo para rescatarme.

SALMOS 57.1-3 NTV

Cuando estamos huyendo, con la sensación de que los problemas nos persiguen, solo hay un lugar al que acudir. A Dios, en quien confiamos con todo nuestro ser. Cuando la tormenta, el halcón o el lobo nos pisan los talones, podemos ser como polluelos que se apresuran a refugiarse bajo las alas de su mamá gallina, seguros de que los mantendrá sanos, calientes y secos. Confiamos en que Dios no nos defraudará, que enviará ayuda desde el cielo para sacarnos de nuestros aprietos, porque él tiene un plan, un propósito para nuestra vida.

Cuando el estrés ronde tu puerta, corre hacia Dios. Refúgiate en él hasta que pase la tormenta. Entonces vive tu propósito, a propósito.

Aquí vengo, Señor, me refugio bajo tus alas hasta que tenga el valor de andar tu camino una vez más.

Tan alto como los cielos

Mi corazón está confiado en ti, oh Dios [...]. ¡Con razón puedo cantar tus alabanzas! Despiértate, corazón mío! ¡Despiértense, lira y arpa! Con mi canto despertaré al amanecer [...]. Cantaré tus alabanzas [...]. Pues tu amor inagotable es tan alto como los cielos.

SALMOS 57.7-10 NTV

Una buena forma de combatir el estrés es dormirse pensando en un versículo de la Biblia que nos dé ánimo y confianza. Un texto que aporte fuerza y paz a tu corazón, que te permita no solo tener una noche tranquila, sino también una mañana alegre. ¿No sería maravilloso cantar alabanzas a Dios al despertar en lugar de recrear problemas en tu mente?

Antes de cerrar los ojos, trata de pronunciar una promesa o verdad vivificante sobre Dios o sobre su amor y fidelidad. Y descubre cómo disminuye tu estrés y aumentan tus alabanzas, llegando «tan alto como los cielos».

Señor, dame un versículo con el que dormirme, uno que, con la luz del amanecer, ayude a mi corazón a alzar el vuelo.

No estresada, sino bendecida

El Señor te bendecirá porque creíste
que sucedería lo que él te dijo.
LUCAS 1.45 PDT

María fue bendecida porque creyó que Dios podía hacer lo imposible por ella y por su prima Elisabet. María creyó al ángel Gabriel cuando le dijo que no tenía nada que temer (v. 30). Que se quedaría embarazada sin haberse acostado con un hombre y que su hijo Jesús sería el Hijo de Dios (vv. 34–35). Que su prima Elisabet quedaría embarazada siendo de edad avanzada (v. 36). Que no hay nada imposible para Dios (v. 37).

Serás bienaventurada si crees en las promesas que Dios te da y te sometes a él, amándolo y sirviéndole, como María.

Soy tu sierva, Señor, y creo que tú cumplirás tus promesas en mi vida. Gracias a estas dos realidades, no me siento estresada, ¡sino bienaventurada! Que se cumpla todo lo que has dicho. Pues contigo todo es posible.

Abundancia de bendiciones

María dijo:
—Yo soy la esclava del Señor. Que él haga conmigo como dices.
Entonces el ángel la dejó y se fue.
Lucas 1.38 BLPH

¿Cuán dispuesta estás a someterte al Señor, a darle la autoridad total sobre ti? Tu grado de sometimiento a Dios se correlaciona directamente con tu grado de confianza real en él para que haga lo que dice en su Palabra, para que cumpla sus promesas, para que haga que todas las cosas sean para tu bien, para que venza la oscuridad que parece decidida a rodearte, y para que te guíe hacia la luz.

Fortalece tu confianza en Dios llevando un registro de las oraciones contestadas, contando antes de acostarte tus bendiciones y memorizando y esperando sus promesas de la Biblia. Porque cuando te entregas totalmente a Dios, cuando lo dejas todo y le sigues, las bendiciones comienzan a abundar.

Ayúdame, Señor, a entregarte todo de mí y de mi vida para que pueda ser un hija tuya obediente, que confía en ti y recibe tu bendición.

Cuatro maneras

Vivan siempre alegres en el Señor. Otra vez se lo digo: vivan con alegría. Que todo el mundo los reconozca por su bondad. El Señor está a punto de llegar.

Filipenses 4.4-5 BLPH

Este pasaje abarca al menos cuatro maneras de mantener a raya el estrés. La primera es deleitarse en Dios. Gózate con su Palabra. Disfruta de su compañía. La segunda es encontrar tu gozo en el Señor en todo momento. Búscalo donde se esconde a la vuelta de la esquina. Ríe cuando él haga cosas más allá de lo que podrías haber imaginado. Contempla a Dios en la sonrisa de un extraño. La tercera es que te conozcan por tu amabilidad. La gente admira a las personas de habla suave, a los que se muestran contentos pase lo que pase. Y la última es nunca olvides la cercanía de tu Señor. Saber que él está a tu lado, amándote, protegiéndote, deleitándose en ti, es algo maravilloso que debes tener en mente, así como él te tiene a ti en su pensamiento.

Señor, ¡gracias por traer tanta alegría y deleite a mi vida!

Aprender a contentarse

He aprendido a bastarme en cualquier circunstancia.
Tengo experiencia de pobreza y de riqueza.
Estoy perfectamente entrenado para todo: para
estar harto y para pasar hambre, para nadar en
la abundancia y para vivir con estrecheces.

FILIPENSES 4.11-12 BLPH

Qué sencillo nos resultaba estar contentas cuando éramos niñas. Nuestras lágrimas duraban solo hasta que recuperábamos nuestro lápiz de color, comíamos nuestra galleta favorita, veíamos la sonrisa de mamá o escuchábamos la risa de papá. Esas cosas sencillas nos hacían felices.

¿Por qué no tener esa actitud ahora? Practica la búsqueda de la alegría y el contentamiento en las cosas sencillas que te da la vida: una puesta de sol, una hoja caída, el pétalo de una flor, la sonrisa de un ser querido, un buen libro, una dulce canción, la llamada de una amiga... La lista podría ser mucho más larga.

Aprende a estar satisfecha y tu estrés no tendrá dónde colgar el sombrero.

Ayúdame, Señor, a hallar satisfacción en las
pequeñas cosas, que son todas milagros tuyos.

El espíritu adecuado

Es más, hasta de las dificultades nos sentimos orgullosos, porque sabemos que la dificultad produce constancia, la constancia produce una virtud a toda prueba, y una virtud así es fuente de esperanza.

ROMANOS 5.3-4 BLPH

Tener gozo es algo que se elige. Depende de cómo decidamos responder a las cosas que se nos presentan. Con el espíritu adecuado, encontraremos la forma de soportar con paciencia. Tener el espíritu adecuado nos ayudará a crecer en Dios y a desarrollar un carácter marcado por una esperanza firme.

¿Qué está pasando ahora en tu vida? ¿Cuál es tu actitud al respecto? ¿Buscas la bendición —por pequeña que sea— en medio de los problemas?

Si te sientes estancada en tu actitud o perspectiva actual, tómate un momento cada noche para escribir cinco cosas buenas que sucedan en tu vida, y observa cómo esa práctica reaviva tu espíritu.

Señor, ayúdame a tener el espíritu correcto, ¡sin importar lo que esté pasando en mi vida!

Celebremos juntos

«El amo lo llenó de elogios. "Bien hecho, mi buen siervo fiel. Has sido fiel en administrar esta pequeña cantidad, así que ahora te daré muchas más responsabilidades. ¡Ven a celebrar conmigo!"».

Mateo 25.21 NTV

Cuando hayas conseguido algo bueno, por grande o pequeño que sea, tómate un tiempo para celebrarlo. Mira a Dios y dale gracias por su ayuda. Debes saber que él tendrá elogios para ti. Te dirá «buena chica» por un trabajo bien hecho. Pues, en todo lo que haces, en realidad no estás sirviendo a otras personas, sino a él, a tu Señor.

A medida que sigas gestionando bien las cosas pequeñas, Dios te dará más cosas que hacer. Pero el punto principal aquí es tomar tiempo para celebrar con Dios. Haz una pausa para estar en su presencia y disfrutar de él. No ignores que él te observa, que te aprueba y te considera fiel y digna de elogio. Luego, ¡alábale en respuesta!

¡Estoy muy emocionada por celebrar contigo hoy, Señor! ¿Qué será lo próximo que abordemos juntos?

Relájate

El Señor ya te ha dicho, oh hombre, en qué consiste
lo bueno y qué es lo que él espera de ti:
que hagas justicia, que seas fiel y leal
y que obedezcas humildemente a tu Dios.
MIQUEAS 6.8 DHH

Una de las mejores formas de desestresarse es salir de una misma haciendo algo por los demás. Tal vez pienses que no tienes tiempo ni fuerzas para ayudar a un vecino, cuidar del hijo de una madre agobiada o visitar a una anciana en su residencia. O tal vez pienses que ya estás haciendo tanto por otros de tu entorno que ya no puedes dedicar cinco minutos más a servir a nadie más.

Pero cuando haces algo por otra persona fuera de tu rutina habitual, los beneficios compensan con creces cualquier tiempo o esfuerzo que dediques. Dios está buscando que te relajes en cuanto a tu propia vida y te dediques a él.

Ayúdame a no obsesionarme con mis cosas
hoy, Señor. Muéstrame a quién amar.

Roquea por la Roca

Anímense entre ustedes con salmos, himnos y cantos de alabanza. Canten de corazón melodías al Señor. Siempre den gracias por todo a Dios Padre en el nombre de nuestro Señor Jesucristo.

Efesios 5.19-20 PDT

Otra forma liberar tu mente para desestresarte es cambiar tus procesos mentales por los de Dios. Puedes hacerlo cantándole alabanzas. Entona una melodía con todo lo que eres, tu mente, tu cuerpo, tu corazón y tu alma, ¡no importa que desafines! Cantar alabanzas de Dios y darle gracias por todas las bendiciones que te ha concedido elevará todo tu ser, te acercará al lugar donde él quiere que estés. No solo te levantará el ánimo, sino que te dará toda la fuerza y la energía que necesitas para seguir adelante.

¿A qué esperas? ¡Busca una melodía de alabanza y roquea por la Roca!

Señor, muchas gracias por todo lo que has hecho por mí. Alzo a ti mis ojos y mis alabanzas.

Gran poder

Y ahora, que toda la gloria sea para Dios,
quien puede lograr mucho más de lo que
pudiéramos pedir o incluso imaginar mediante
su gran poder, que actúa en nosotros.
EFESIOS 3.20 NTV

Imagínatelo. Dios trabajando tan a fondo en ti. Su poder creativo te da la fuerza, la determinación, la habilidad, los recursos, la energía para hacer todo lo que él se ha propuesto que hagas. También te da los medios y maneras de hacerlo mucho más allá de lo que jamás concebiste en tus sueños e imaginación más atrevidos. ¡Dios te ha dado poder para hacer cosas que ni siquiera te has atrevido a pedir!

Dios te ha puesto en este mundo para hacer algo maravilloso y él obra a través de ti para culminar ese trabajo. Tienes todo lo que necesitas. Así que no te estreses. ¡Reconoce cuán bendecida y llena de poder estás al vivir tu vida para su voluntad y gloria!

Estoy maravillada, Señor, de cómo me has equipado para hacer lo que tú quieres. ¡Gracias por tu gran poder que obra a través de mí para darte gloria!

Según tus necesidades

El SEÑOR ordenó que cada uno de ustedes recoja la cantidad que pueda comer [...]. Cuando midieron la comida tanto los que recogieron mucho como los que recogieron poco, recogieron lo suficiente para que cada persona de su familia comiera lo suficiente y no sobrara nada.
ÉXODO 16.16, 18 PDT

Dios sabe exactamente lo que necesitas. Él ha prometido proveerte. Tu parte es confiar en que él lo hará. Porque cuando empiezas a dudar de que Aquel que te creó a ti y a todo lo que te rodea va a estar ahí por ti, no tardan en aparecer el estrés y la ansiedad. Empiezas a tratar de proveerte tú todo lo que necesitas, y eliminas a Dios de la ecuación. Así que detente. Haz inventario de lo que has asumido sobre tus hombros, de cuánto te esfuerzas por almacenar «por si acaso». Vuelve a incluir al Gran Proveedor en la ecuación. Debes saber que si pones al Buen Pastor como lo primero en tu vida, puedes relajarte y decir:

«El SEÑOR es mi Pastor, nada me falta» [Salmos 23.1 PDT] .

Quitamanchas definitivo

Pues su amor inagotable hacia los que le temen es tan inmenso como la altura de los cielos sobre la tierra. Llevó nuestros pecados tan lejos de nosotros como está el oriente del occidente.

SALMOS 103.11-12 NTV

La única constante en tu vida es la insondable cantidad de amor de Dios por ti. Aunque a veces no entiendas por qué suceden ciertas cosas, siempre puedes estar segura de que Dios nunca te dejará ni te abandonará. Gracias a que lo reconoces como Señor y Creador y lo adoras como lo primero en tu vida, puedes estar segura de la grandeza de su amor por ti. De hecho, su amor es tan grande que ha perdonado y olvidado cada error que cometiste, cada ofensa que hiciste. Los ha alejado de ti tanto «como está el oriente del occidente». Eso es para siempre, una promesa eterna.

Así que no te estreses más por los malos hechos del pasado Dios ya se ha olvidado de ellos. En cambio, descansa en él, consciente de que eres amada y perdonada para siempre.

Tú, Señor, eres el mejor Quitamanchas. Gracias por amarme tanto.

Sobrellevar

Con amor eterno te he amado y por eso te sigo mostrando mi fiel amor. Te construiré de nuevo, serás reedificada. te adornarás de nuevo con tus panderetas y saldrás a bailar y a festejar con gozo.

JEREMÍAS 31.3-4 PDT

Nada te sacude tanto como una situación —una palabra, una mirada, una pérdida— que no viste venir y que te provoca la reacción automática de lucha, huida o parálisis. En esos momentos, la más mínima molestia o problema añadido a ese imprevisto hace que el estrés sea casi insoportable.

La clave es recordar que Dios te ama. Él te ha llamado, te ha atraído hacia él para poder ayudarte. Él te ha dado promesas sobre las que levantarte, palabras en las que apoyarte, esperanza para sanar. Esta situación también pasará. Y, aunque ahora no parezca posible, día a día el dolor irá remitiendo hasta que vuelvas a encontrar el gozo en la vida y en el Señor.

Señor, ayúdame a sobrellevarlo. Mantén tu fidelidad al cargar conmigo mientras yo mantengo la mía poniendo mi esperanza en ti.

Recordar, contar, pronunciar

El Señor, el Dios del cielo, que me sacó de la casa de mi padre y de la tierra de mis parientes y me prometió dar esta tierra a mis descendientes, también enviará su ángel delante de ti para que traigas de allá una esposa para mi hijo.

GÉNESIS 24.7 DHH

El reloj corría. El tiempo apremiaba cuando el anciano Abraham, mostrando una gran confianza en Dios, envió a su criado a buscar esposa para su hijo Isaac. Abraham recordó cómo Dios lo había llevado lejos de su hogar, a una tierra extranjera elegida por el Señor. Contó la promesa que Dios le había hecho al decir que esta tierra sería de sus hijos. Y ahora pronuncia su creencia de que Dios enviará a su ángel delante de su criado cuando se embarque en este viaje en busca de esposa.

Para llegar a tener tanta confianza como Abraham, recuerda cómo te ha guiado Dios. Cuenta las promesas que te ha hecho. Pronuncia tu creencia de que Dios envía a sus ángeles delante de ti.

Guíame, Señor. Aunque no sé dónde lo harás, confío en ti.

Petición de éxito

Así que humíllense ante el gran poder de Dios y, a su debido tiempo, él los levantará con honor. Pongan todas sus preocupaciones y ansiedades en las manos de Dios, porque él cuida de ustedes.

1 Pedro 5.6-7 NTV

El criado de Abraham emprende la misión de su amo. Tras llegar a su destino, se detiene y ora por guía, diciendo: «Oh Señor, Dios de mi amo Abraham —oró—. Te ruego que hoy me des éxito y muestres amor inagotable a mi amo, Abraham. Aquí me encuentro junto a este manantial, y las jóvenes de la ciudad vienen a sacar agua. Mi petición es la siguiente...» (Génesis 24.12-14 NTV).

En lugar de estresarse y dejar que los «y si...» rondaran por su cabeza, este devoto y confiable criado se detuvo y oró pidiendo guía, exponiendo su situación y la de su señor y pidiendo éxito, ¡y lo obtuvo!

Detente. Ora por guía. Presenta tu situación ante el Señor. Pídele que te conceda éxito. Y levántate con paz, sabiendo que tu vida está en buenas manos.

Señor de señores, esta es mi petición...
Por favor, ¡concédeme éxito!

Listo, dispuesto y capaz

«Así que cuando llegué al manantial, hice esta oración [...]. Antes de terminar de orar en mi corazón, vi a Rebeca».

GÉNESIS 24.42, 45 NTV

Antes de que el siervo de Abraham terminara su oración, Dios respondió mediante Rebeca, ¡que llegó a ser la esposa de Isaac! En cuanto se dio cuenta de que Rebeca cumplía todos los requisitos de Abraham para su hijo Isaac, «el hombre se inclinó y adoró al SEÑOR» (v. 26).

Dios está listo, dispuesto y es capaz de responder a tus oraciones de la misma manera. Él te ha dado la promesa: «Les responderé antes que me llamen. Cuando aún estén hablando de lo que necesiten, ¡me adelantaré y responderé a sus oraciones!» (Isaías 65.24 NTV). Y una vez que tus oraciones sean escuchadas, responde como el humilde criado de Abraham. Inclínate y adora a tu buen Señor.

Señor, me asombras. Respondes a mis oraciones incluso antes de que me acerque a ti. Sin embargo, aún quieres que diga las palabras, que ore de corazón. Así que aquí estoy, Señor, orando...

Insistencia

Pero David insistió.

1 Samuel 17.34 NTV

A veces nos encontramos estresadas porque creemos que no estamos haciendo lo que Dios nos ha llamado a hacer. En efecto, solo estamos pasando el tiempo, llevando las vidas que otros esperan que llevemos.

Antes de ser rey, David fue a visitar a sus hermanos, supo de las burlas de Goliat y se vio luchando contra el gigante al que nadie quería enfrentarse. Su hermano se enojó y le dijo que regresara con las ovejas. Pero David se quedó. Más tarde, el rey Saúl le dijo: «No puedes luchar contra este gigante. solo eres un niño sin experiencia en batalla».

«Pero David insistió», alegando que ya había matado osos y leones para proteger las ovejas y cabras de su padre. Dijo: «¡El mismo Señor que me rescató de las garras del león y del oso me rescatará de este filisteo!» (v. 37 NTV).

Piensa en los mensajeros negativos y desalentadores de tu vida. Considera para qué te ha estado entrenando Dios. Luego pregúntale...

Señor, ¿cuál es tu sueño para mi vida?
¿En qué llamado quieres que persista?

Equipamiento

Tomó cinco piedras lisas de un arroyo y las metió en su bolsa de pastor. Luego, armado únicamente con su vara de pastor y su honda, comenzó a cruzar el valle para luchar contra el filisteo.

1 Samuel 17.40 NTV

Cuando Saúl se convenció de que David podría tener una oportunidad contra el gigante, decidió equiparlo con su propia armadura. Pero una vez puesta, David apenas podía andar. Así que le dijo a Saúl: «No puedo andar con todo esto [...]. No estoy acostumbrado a usarlo» (v. 39 NTV) y se quitó la armadura. David fue entonces a enfrentarse a Goliat, equipado con unas pocas piedras, su cayado y una honda, totalmente seguro de que vencería con el poder de Dios.

Dios te ha hecho especial, te ha equipado con herramientas sencillas que se adaptan a ti y te dan la confianza de que vencerás en su poder.

Ayúdame a desestresarme, Señor, cambiando este equipamiento que no me sirve por el equipamiento especial que tú has creado solo para mí para afrontar mis desafíos, y dame victoria en tu poder, no en el mío.

Conforme al plazo

Esperó siete días, conforme al plazo que Samuel había dicho; pero Samuel no venía a Gilgal, y el pueblo se le desertaba. [...] Y [Saúl] ofreció el holocausto. Y cuando él acababa de ofrecer el holocausto, he aquí Samuel que venía.

1 Samuel 13.8-10 rvr1960

El profeta Samuel le había dicho a Saúl que lo esperara en Gilgal. Cuando Samuel llegara allí, haría un sacrificio y le transmitiría a Saúl la voluntad de Dios para él. Pero Saúl, ante el temor de sus tropas, decidió tomar las riendas del asunto por su cuenta. Al doblegarse ante las circunstancias en lugar de ser obediente y confiar en Dios, el resultado fue que su reinado cesaría y el Señor nombraría a un «varón conforme a su corazón» (v. 14 rvr1960) para gobernar a su pueblo.

Dios tiene su propio tiempo para cada acontecimiento de tu vida. Así que no te estreses. Sé una mujer conforme al corazón de Dios. Y que tu oración sea esta:

«Esperé yo a Jehová, esperó mi alma; en su palabra he esperado» [Salmos 130.5 rvr1960].

Tiempo y lugar

El SEÑOR *le dio el siguiente mensaje a Jonás, hijo de Amitai: «Levántate y ve a la gran ciudad de Nínive» [...]. Entonces Jonás se levantó y se fue en dirección contraria para huir del* SEÑOR *[...]. Entonces Jonás oró al* SEÑOR *su Dios desde el interior del pez.*

JONÁS 1.1-3; 2.1 NTV

Estar en el lugar equivocado en el momento equivocado puede causar mucho estrés. Jonás lo descubrió cuando Dios le dijo que fuera en una dirección y él fue en la contraria. El profeta no solo acabó en un barco sumido en una terrible tormenta, sino que terminó en el vientre de una ballena. Solo después de que la ballena lo vomitara a la orilla, Jonás tomó la dirección que Dios le dijo.

¿Hacia dónde te diriges cuando Dios te pide que «te levantes y vayas»?

Señor, tú sabes en qué punto de mi vida estoy. Muéstrame los siguientes pasos. Guíame a donde tú quieres que vaya para que camine en tu voluntad y tu camino.

El equipamiento, momento y lugar adecuados

Si callas absolutamente en este tiempo, respiro y liberación vendrá de alguna otra parte para los judíos [...]. ¿Y quién sabe si para esta hora has llegado al reino?

Ester 4.14 RVR1960

Ester tenía el equipamiento adecuado para entrar en el harén del rey. Y estaba exactamente en el lugar adecuado cuando surgió una gran amenaza contra el pueblo de Dios. Aunque estaba atrapada en medio de maquinaciones de hombres, su primo le dio un sabio consejo cuando le dijo que tal vez estaba en este tiempo y lugar por una razón. Que Dios iba a obrar a través de ella para liberar a su pueblo.

La reina Ester superó la estresante situación manteniéndose fiel. Ordenó un ayuno para asegurarse el éxito y luego se puso a sí misma y a la situación en manos de Dios, sabiendo que los resultados se ajustarían a la voluntad del Señor.

Me has dado todo lo necesario, Señor, para un propósito. Muéstrame lo que tú quieres que haga en este tiempo y lugar. Lo dejo todo en tus manos.

Poderosa palabra

Porque la palabra de Dios tiene vida y poder.
Es más cortante que cualquier espada de dos filos,
y penetra hasta lo más profundo del alma y del espíritu,
hasta lo más íntimo de la persona; y somete a juicio
los pensamientos y las intenciones del corazón.
HEBREOS 4.12 DHH

¿Estás estresada o angustiada? Eleva una oración sincera y luego sumérgete en la Palabra de Dios. Esta es viva y eficaz, «tiene vida y poder» (v. 12 DHH). Entrará en lo más profundo de ti, revelando lo que haga falta. Te dará guía, sabiduría, fuerza, conocimiento. Te sacará de tu estado actual, te nutrirá y te sanará donde más lo necesites. Te proporcionará una roca en la que estar firme, y la fe y el valor para apoyarte en Dios, confiando en que él te llevará cuando ya no puedas caminar.

Busca un versículo que le hable a tu corazón. Luego díselo en oración al Autor, al Poderoso que habita en ti y te invita a cobijarte en su abrazo.

Nada es más poderoso que tu Palabra,
Señor. Dime lo que necesito oír y escucha
cómo te susurro esas mismas palabras.

Acércate a Dios

Nadie puede agradar a Dios si no tiene fe.
Cualquiera que se acerque a Dios debe creer
que Dios existe y que premia a los que lo buscan.
HEBREOS 11.6 PDT

Cuanto más te acercas a Dios, más te alejas del estrés. Es un hecho. Pero, cuando te acercas, tienes que creer que Dios existe y que recompensará tu fe porque es fiel a sus promesas.

Profundiza. Lee sobre los héroes de la fe en Hebreos 11. Allí descubrirás cómo la fe impulsó a Noé, Abraham, Jacob, Moisés y Rahab (vv. 7, 9, 21, 23, 31). La fe urgió a Abraham a obedecer (v. 8), le dio a Isaac visión para bendecir (v. 20) y a Sara vitalidad (v. 11). Motivó a José (v. 22) y dio valor y firmeza a Moisés (vv. 24, 27).

La fe es viva y activa. Acércate a Dios, el Cumplidor de Promesas y Creador de Fe por excelencia.

Señor, me acerco a ti, confiando en tus promesas.

Levantarse

Pero los que tienen su esperanza puesta
en el SEÑOR *renovarán sus fuerzas.*
Les crecerán alas como a las águilas;
correrán sin fatigarse, caminarán sin cansarse.
ISAÍAS 40.31 PDT

Cuando parezca que el estrés se ha adueñado de ti, las palabras de Isaías 40.31 te ayudarán a apartar los ojos de ti misma y elevarlos hacia el Señor. Así que mira hacia arriba. Reconoce que Dios está de su lado. Mantente en paciente expectación, consciente de que él te ayudará. Dios ya tiene un plan. De hecho, está obrando cosas entre bastidores. Él te llenará de fuerza y poder para afrontar los retos y oportunidades que se te presenten.

Así que abre tus alas. Respira hondo y contémplate a ti misma elevándote hacia él, lo más cerca posible. Siente cómo el estrés desaparece a medida que te acercas al Hijo.

Me elevo hacia ti, Señor.

Orar y luego abrir la puerta

Mira, aquí estoy llamando a la puerta.
Si alguien escucha mi voz y abre la puerta,
entraré, cenaré con él y él conmigo.
APOCALIPSIS 3.20 PDT

Cuando te encuentras en medio de una situación estresante, sentarte a orar puede suponer un esfuerzo. Pero eso es exactamente lo que Jesús espera que hagas. Él está ahí llamando, esperando a que le abras la puerta a su presencia. Una vez que abras, él podrá abrir tu corazón para que recibas lo que te está diciendo.

El Señor lo hizo así con Lidia. «Una de ellas se llamaba Lidia [...]. El Señor abrió su corazón para que pusiera atención a lo que Pablo decía» (Hechos 16.14 PDT). En este momento, él está esperando para hacer lo mismo contigo.

Ora y abre la puerta. Deja entrar la luz del Hijo.

Sé que estás esperando, Señor. Así que aquí estoy,
te abro mi puerta, para que tú puedas abrir
la puerta de mi corazón. Háblame, Señor.

El amor viene a tu encuentro

A causa de su fuerza esperaré en Ti,
Porque Dios es mi baluarte.
Mi Dios en Su misericordia vendrá a mi encuentro.
SALMOS 59.9-10 NBLA

El estrés proviene, en parte, de intentar hacer las cosas con tus propias fuerzas. Pero cuando reconoces que cualquier fuerza que tengas viene de Dios, te quitas un peso de encima. Porque cuando te sientas débil, puedes apartar la mirada de tus preocupaciones y dirigirla a Dios. Observa la que es tu verdadera Fuerza. Quédate en su fortaleza, su torre fuerte. Debes saber que no importa cuál sea el problema, situación o circunstancia, el Señor, el Príncipe de Paz, el Espíritu de poder, está ahí, amándote, sosteniéndote, dándote poder. De hecho, él te ha estado observando. Ya se ha adelantado para allanarte el camino. Espera. Observa. Su amor vendrá a tu encuentro.

Aquí estoy, Señor, esperando, observando,
consciente de que tú eres el Príncipe al que
puedo correr, cuyo amor me
encuentra allí donde estoy.

Sin límite

Pero demos gracias a Dios que nos ha dado la victoria a través de nuestro Señor Jesucristo.
1 Corintios 15.57 PDT

El momento en que te sientes abatida por el estrés es justo el momento de recordar que Dios ya te ha dado la victoria como creyente en Cristo. Entonces, ¿qué hay que temer, por qué preocuparse? El Creador del mundo está de tu parte. El que dividió el mar Rojo, proveyó maná en el desierto, salvó a Daniel en el foso de los leones y se apareció en medio de un horno de fuego del que tres hijos de Dios salieron ilesos. Su fuerza y sabiduría no tienen límites.

Da gracias a Dios ahora mismo, reconoce que en él eres más que vencedora en este mundo, y en el venidero.

Señor, escribe en las paredes de mi mente la realidad de que en ti tengo toda la fuerza que necesito para vencer porque comparto el poder de Aquel que tú resucitaste y llevaste a la luz.

El llamado y la calma

«¡Sé fuerte y valiente! No tengas miedo ni te desanimes, porque el SEÑOR *tu Dios está contigo dondequiera que vayas».*

JOSUÉ 1.9 NTV

Cuando nos distraemos con el mundo en lugar de centrarnos en el llamado de Dios, el estrés avanza. La Palabra de Dios nos ayuda a encontrar la salida, como a Josué, el hombre llamado a guiar al pueblo de Dios a la tierra prometida. Por tres veces, Dios le dice a Josué que sea fuerte y valiente. Luego le dice que obedezca su Libro de Instrucciones, que medite en él sin cesar. Solo cuando hagamos que la Palabra de Dios forme parte de nosotras tendremos éxito en lo que él nos llama. Al guardar su Palabra en nuestro corazón, él promete estar con nosotras dondequiera que vayamos, haciendo que la tarea que tenemos delante nos intimide menos.

Vuelve a poner el foco en tu llamado y recibe la calma de Dios dedicando tiempo a leer, estudiar y aplicar las palabras de Josué 1.6-9. Esfuérzate y sé valiente. Vive la Palabra de Dios. Aplícala a tu vida. Y reconoce que Dios está contigo.

Estoy resintonizando mi vida contigo,
Señor. Ayúdame a encontrar el camino
de regreso a tu propósito para mí.

Poder de permanencia

Pues nosotros consideramos felices
a los que soportan con fortaleza el sufrimiento.
Ustedes han oído cómo soportó Job sus sufrimientos,
y saben de qué modo lo trató al fin el Señor,
porque el Señor es muy misericordioso y compasivo.
SANTIAGO 5.11 DHH

A corto plazo, puede parecer fácil regodearse en el estrés, incluso presumir de ello a veces, diciendo cosas como: «Estoy tan ocupada que no tengo tiempo ni para respirar». Parece que llevamos nuestro exceso de actividad como una extraña insignia honorífica.

Pero Dios quiere que hagamos como los antiguos profetas, aquellos «que soportan con fortaleza el sufrimiento» (v. 11 DHH). No dejes que los males del mundo te depriman. No te estreses por lo que podría haber sido. Más bien, «[ten] paciencia [...] [aguarda] con paciencia las temporadas de lluvia» (v. 7 DHH). Dios te tiene en su mano. Él se encargará de todo.

Señor, ayúdame a mantener el rumbo, a amarte y servirte, consciente de que tú te ocupas de todo.

Chequeo del corazón

Al cual nuestros padres no quisieron obedecer, sino que le desecharon, y en sus corazones se volvieron a Egipto, cuando dijeron a Aarón: Haznos dioses que vayan delante de nosotros; porque a este Moisés, que nos sacó de la tierra de Egipto, no sabemos qué le haya acontecido.

HECHOS 7.39-40 RVR1960

¿Estás un poco estresada? Si es así, mira en tu interior. Chequea tu corazón. ¿Tu corazón anhela la comodidad de la esclavitud que conoces? ¿Se ha vuelto hacia la confianza en otros dioses: personas, dinero, poder, posesiones? ¿Has rechazado, apartado, al Señor de todo, a Jesús, quien puede ayudarte a elevarte por encima de todas las cosas, quien puede liberarte de la esclavitud del estrés?

Decide abrazar tu nueva vida de mujer libre con el Hacedor del maná en lugar de volver a tu antigua vida de esclava, comiendo los ajos y las cebollas de Egipto.

Vuelvo a ti con todo mi corazón, mi mente, mi cuerpo, mi espíritu y mi alma, Señor. Me has liberado para vivir de nuevo, ¡para siempre!

Sierva que espera

Hacia ti, Señor, miro suplicante; hacia ti, que reinas en el cielo. Suplicantes miramos al Señor nuestro Dios, como mira el criado la mano de su amo, como mira la criada la mano de su ama, esperando que él nos tenga compasión.

SALMOS 123.1-2 DHH

A veces, para desestresarse hace falta tiempo, como con el aire que sale lentamente de un neumático. Y puede que nuestras circunstancias —o nosotros mismos— necesiten aún más tiempo para cambiar. Pero cambiarán. La clave está en la actitud. En lugar de agobiarte por lo que no está bien, anímate dando gracias por lo que sí está bien. Cuenta esas bendiciones. Luego, con paciencia, mira a Dios, observa y espera su respuesta a tus peticiones de ayuda. Sobre todo, mantente alerta y llena de esperanza, sabiendo que su palabra llegará y elevará tu corazón.

Así que sé agradecida y paciente, y ten esperanza. Antes de darte cuenta, oirás a Dios susurrarte al oído, diciéndote la palabra que necesitas oír.

Señor, soy tu sierva que espera, y sé tú me dirás justo lo que necesito oír.

Cosas poderosas

Ayúdanos contra el enemigo, pues nada vale la ayuda del hombre. Con la ayuda de Dios haremos grandes cosas; ¡él aplastará a nuestros enemigos!

SALMOS 60.11-12 DHH

Hay muchos versículos maravillosos en la Biblia que nos dan esperanza y fuerza y nos ayudan a combatir el estrés. Dios le dice a Isaías: «Decid a los de corazón apocado: Esforzaos, no temáis; he aquí que vuestro Dios [...] vendrá, y os salvará.» (35.4 RVR1960). Y el salmo 60 nos dice: «Con la ayuda de Dios, haremos cosas poderosas» (v. 12 NTV). La demostración de estas palabras se revela en las vidas y las historias de los héroes de nuestra fe. Piensa en lo que dice Esteban sobre José, que siguió a Dios: «Dios estaba con él, y le libró de todas sus tribulaciones, y le dio gracia y sabiduría delante de Faraón rey de Egipto, el cual lo puso por gobernador sobre Egipto» (Hechos 7.9-10 RVR1960).

La cuestión es que no hay que ceder al estrés. No tengas miedo. Entrégate a ti misma y tus circunstancias a Dios, sabiendo que él te salvará, te dará fuerzas y te ayudará a hacer cosas poderosas.

¡Dios, en ti puedo hacer cosas poderosas!

Tu mejor amigo

«Ustedes ahora son mis amigos, porque les he contado todo lo que el Padre me dijo».

JUAN 15.15 NTV

Si estás en un periodo de espera, no tienes por qué estresarse. No está sola. Jesús está a tu lado.

Jesús es tu amigo. Él ha prometido no dejarte ni abandonarte jamás. Durante este tiempo de espera, Jesús te está ayudando a crecer, a descubrir, a aprender, a prepararte para el siguiente paso en tu vida. En el proceso, él te mantiene en calma dirigiéndote hacia las palabras que necesitas leer y escuchar, las promesas que necesitas abrazar, para darte la fuerza que necesitas para ser la persona que él tenía en mente al crearte. Él te pide que «[tengas] por seguro esto: que estoy con ustedes siempre, hasta el fin de los tiempos» (Mateo 28.20 NTV). Porque eso es lo que hace un amigo bueno, fuerte y sabio. Se mantiene cerca de su hermanita, la floreciente princesa que es la niña de sus ojos.

Gracias por esperar conmigo, Jesús, mi hermano, Salvador y amigo. ¡Enséñame y cuéntame más!

Un árbol bien regado

«Pero benditos son los que confían en el Señor y han hecho que el Señor sea su esperanza y confianza. Son como árboles plantados junto a la ribera de un río con raíces que se hunden en las aguas. A esos árboles no les afecta el calor ni temen los largos meses de sequía».

JEREMÍAS 17.7-8 NTV

Dios dice que «los que ponen su confianza en simples seres humanos, que se apoyan en la fuerza humana [...] son como los arbustos raquíticos del desierto, sin esperanza para el futuro. Vivirán en lugares desolados» (vv. 5-6 NTV). Sin embargo, los que confían en él, los que tienen su esperanza y confianza en él, son como árboles junto a aguas. No solo son imperturbables ante lo que ocurre en su entorno, sino que «Sus hojas están siempre verdes y nunca dejan de producir fruto» (v. 8 NTV).

Es posible que no puedas elegir lo que te ocurre, pero sí puedes cambiar tu actitud al respecto. Así que confía en Dios, pon tu esperanza y confianza solo en él.

Hago de ti mi única esperanza, Señor.

Recargas gratuitas y sin fin

... llénense del Espíritu Santo.
Efesios 5.18 PDT

En este mundo puedes recurrir a muchas cosas diferentes para tu realización plena, para satisfacer tus ansias de energía, de fuerza, incluso de paz. Pero acudir a los bálsamos del mundo puede provocar aún más estrés. Dios quiere que acudas a él. Recuerda, ser llena de él y de su Espíritu no es una cosa de una vez y ya está, que sucede solo cuando profesas que crees en Jesús. Es una recarga continua.

Así que acude a Dios. Reconoce que eres «templo de Dios, y que el Espíritu de Dios mora en [ti]» (1 Corintios 3.16 RVR1960). Ora cada día para que Dios te renueve en lo más profundo de tu ser, teniendo en cuenta que, así como tú probablemente «[sabes] cómo darles cosas buenas a sus hijos, imagínense cuánto más dispuesto estará su Padre celestial a darles el Espíritu Santo a aquellos que le piden» (Lucas 11.13 PDT).

Señor, quiero ser llenada por ti y por tu Espíritu. Renuévame ahora, una y otra vez.

La verdadera realidad

«¡El Señor está contigo, hombre fuerte y valiente!».
Jueces 6.12 DHH

Gedeón intentaba sacar lo mejor de una situación estresante. Los madianitas seguían enviando grupos de asalto a su territorio. Así que Gedeón estaba trillando trigo en su escondite cuando un ángel de Dios le abrió los ojos y lo llamó «hombre fuerte y valiente». Gedeón no sentía que Dios estuviera con él, ni que él, el más pequeño de su familia, tuviera fuerza alguna. Pero Dios volvió a decirle que no se preocupara. Que, con él, Gedeón podía ir «con la fuerza que [tenía] y [rescatar] a Israel de los madianitas» (v. 14 NTV). Más adelante, cuando Dios hizo lo que Dios el mandó, «el Espíritu del Señor vistió a Gedeón de poder» (v. 34 NTV), justo cuando más lo necesitaba.

No dejes que tu situación actual te estrese. Debes saber que Dios está contigo y que puedes seguir adelante con la fuerza que tienes, porque Dios añadirá la suya, justo cuando más la necesites.

Ayúdame a ver la verdadera realidad que tengo contigo, Señor. ¡Ayúdame a ser tu valiente guerrera!

Vengan

Entonces los apóstoles se juntaron con Jesús, y le contaron todo lo que habían hecho, y lo que habían enseñado. Él les dijo: Venid vosotros aparte a un lugar desierto, y descansad un poco. Porque eran muchos los que iban y venían, de manera que ni aun tenían tiempo para comer. Y se fueron solos en una barca a un lugar desierto.

Marcos 6.30-32 rvr1960

¿Un poco estresada? ¿Te sientes como si no tuvieras tiempo ni para comer? Jesús sabe exactamente lo que necesitas.

Primero, acude a él y cuéntale todo lo que has hecho. Luego, sigue el mismo consejo que él dio a sus otros obreros. Ven... sola... a un lugar tranquilo... y descansa un rato. No tiene por qué ser lejos, solo lo suficiente como para alejarte de tus «multitudes». Y hazlo sola. Asegúrate de que el lugar al que te diriges está alejado de la gente, las distracciones y el ruido. Una vez allí, respira hondo. Y «descansa un rato», pasa de desestresada a bendecida.

Voy a reunirme contigo, Señor.
Estoy lista para descansar en ti.

Recostada

Si el Señor no construye la casa, el trabajo de los constructores es una pérdida de tiempo [...]. Es inútil que te esfuerces tanto, desde temprano en la mañana hasta tarde en la noche, y te preocupes por conseguir alimento; porque Dios da descanso a sus amados.

Salmos 127.1-2 NTV

Sí, Dios quiere que trabajes en la casa que se está construyendo. Pero no quiere que estés trabajando desde las cuatro de la madrugada hasta la medianoche. Dios quiere que pongas un poco de confianza en él, en que usará para bien todo aquello en lo que pongas tu mano.

Así que confía en que Dios tiene un buen propósito y traerá resultado para todo el trabajo que estás haciendo. Confía en que él siempre te proveerá. Luego descansa, recostada en sus brazos, durmiéndote con su cálido aliento en tu oído.

Estoy lista para cambiar mi horario, Señor, para tener más de ese descanso que tanto necesito y que tú quieres darme.

Creer y recibir

Jesús conoció a un hombre que tenía una lepra muy avanzada [...].
—¡Señor! —le dijo—, ¡si tú quieres, puedes sanarme y dejarme limpio!
Jesús extendió la mano y lo tocó:
—Sí quiero —dijo—. ¡Queda sano!
Al instante, la lepra desapareció.
LUCAS 5.12-13 NTV

Dios está dispuesto a intervenir en tu situación y ayudarte. Él está dispuesto a extender su mano hacia ti, a mandar que el problema se resuelva, a declarar tu sanidad. De esto no debes tener duda. Pero para ser tocada por la mano amorosa de Jesús, debes encontrarte con él. Debes ser tan humilde en su presencia como lo fue este leproso que «se inclinó rostro en tierra» (v. 12 NTV). No debes dudar, sino saber que Jesús está dispuesto, por su amor y compasión hacia ti, a intervenir en tu situación y resolver tu problema. Jesús está dispuesto a dar, si tú estás dispuesta a creer y recibir.

Señor, afirma mi fe. ¡Ayúdame a estar dispuesta a creer y recibir!

Muro de fuego protector

El otro ángel dijo: —Apresúrate y dile a ese joven: «¡Jerusalén algún día estará tan llena [...] que no habrá lugar suficiente para todos! Muchos vivirán fuera de las murallas de la ciudad. Entonces yo mismo seré un muro de fuego protector alrededor de Jerusalén, dice el Señor. ¡Y seré la gloria dentro de la ciudad!».

Zacarías 2.4-5 NTV

Imagina a Dios como un muro protector de fuego a tu alrededor, ¡y la gloria en tu interior! En cuanto al versículo 5, la *Exposition of the Entire Bible* de John Gill dice: «El Targum [una antigua paráfrasis o interpretación aramea de la Biblia hebrea] lo parafrasea así: "mi Palabra será para ella, dice el Señor, como un muro de fuego que la rodee por todas partes"».

Cuando te sientas estresada, recuerda el muro de fuego protector de Dios. Extiende tu corazón y tu mente para obtener una palabra de Dios que mantenga a raya la ansiedad, que alimente la gloria de su presencia dentro de ti, que te dé el calor tranquilizador que solo su Palabra puede dar.

Señor, ¡siento cómo tu muro de fuego me protege! ¡Que tu gloria dentro mantenga el estrés fuera!

El camino a seguir

Cuando me siento agobiado, solo tú sabes qué camino debo tomar [...]. Entonces oro a ti, oh Señor, y digo: «Tú eres mi lugar de refugio. En verdad, eres todo lo que quiero en la vida [...]. Sácame de la prisión para que pueda agradecerte [...] porque tú eres bueno conmigo».

SALMOS 142.3, 5, 7 NTV

Aunque el estrés nos haga perder el rumbo, Dios sabe el camino que debemos seguir, los pasos que debemos dar. Pero tenemos que tenderle nuestra mano y decirle dónde estamos. No es que él no sepa dónde estamos. Necesitamos reconocer (tener conciencia de) el lugar donde nos encontramos. Orar a Dios nos ayudará a reafirmar nuestras prioridades y a constatar la verdadera realidad de nuestra situación.

En Dios, tenemos un lugar al que acudir. Es lo único que necesitamos. En su poder y fuerza, él nos «sacará».

Cuando pierdo el rumbo, tú conoces mis próximos pasos. Así que oro a ti, Señor. Lléname de tu bondad.

Presencia y poder

Después el SEÑOR *nos sacó de Egipto con su gran poder y fuerza, con actos terroríficos, y con señales y milagros.*
DEUTERONOMIO 26.8 PDT

Nunca dudes que Dios puede sacarte de una situación de estrés. Lo hizo una y otra vez por su pueblo, y lo hará una y otra vez por ti. Así es, por supuesto, a menos que quiera que aprendas algo mientras estás en tu situación particular, como cuando quería que los israelitas confiaran en su promesa de llevarlos a la tierra que fluye leche y miel en lugar de centrarse en la falsa realidad de los gigantes que la habitaban. La cuestión está en no preocuparse. No te estreses ni te angusties. Mantente en su poder y amor. Debes saber que Dios está contigo, pases por lo que pases. Y que, cuando él lo decida, te sacará con su mano poderosa de una manera increíble.

Gracias, Señor, por tu presencia y poder en mi vida.

Antes, detrás y al lado

Vas delante y detrás de mí. Pones tu mano de bendición sobre mi cabeza.

Salmos 139.5 NTV

Sean cuales sean tus preocupaciones, nunca te enfrentas a nada sola. Dios ha ido delante y ha visto lo que te espera. Te seguirá para protegerte desde la retaguardia. Y está aquí a tu lado, con su mano de bendición sobre tu cabeza.

Guarda estas verdades en tu mente y verás que no hay razón para preocuparse. Dios tiene todo bajo control, según su plan, su tiempo, sus ideas para ti. Así que, con todo lo que está pasando, tranquila. Mantente alerta a la voz del Espíritu, que te indica el camino a seguir. Sigue sin miedo, porque tienes al ser más fuerte del mundo —el Dios del universo— delante, detrás y a tu lado. Eres bendecida.

Señor, ayúdame a mantener siempre la realidad de tu presencia conmigo en mi corazón, mente, cuerpo, alma y espíritu. Porque sé que contigo, a un suspiro de distancia, no tengo nada que temer.

Luz eterna

Si cabalgo sobre las alas de la mañana, si habito junto a los océanos más lejanos, aun allí me guiará tu mano y me sostendrá tu fuerza [...]. Qué preciosos son tus pensamientos acerca de mí, oh Dios. ¡No se pueden enumerar! [...] Y cuando despierto, ¡todavía estás conmigo!

SALMOS 139.9-10, 17-18 NTV

No importa cuán profundo te hundas, ni cuánto tiempo pases en la zona de estrés, Dios te encontrará, te sacará, te guiará con su sabiduría y te apoyará con su fuerza. Tú estás en su mente, bajo su mirada vigilante, noche y día.

Nunca estarás tan pendiente de él como él de ti. Pero puedes dar pasos para acercarte a él pasando tiempo en su presencia y profundizando en su Palabra. Luego pídele que examine tu corazón, que conozca «los pensamientos que [te] inquietan», que señale «cualquier cosa» en ti que le ofenda y que te guíe «por el camino de la vida eterna» (vv. 23-24 NTV).

Tú lo sabes todo sobre mí, Señor.
Ayúdame a conocer tu camino para mí.

Valiente como un león

No temáis; estad firmes, y ved la salvación que Jehová hará hoy con vosotros; porque los egipcios que hoy habéis visto, nunca más para siempre los veréis. Jehová peleará por vosotros, y vosotros estaréis tranquilos.

ÉXODO 14.13-14 RVR1960

Los israelitas tenían el mar Rojo frente a ellos y el ejército del faraón detrás. Parecía que no había salida. Pero Dios tenía un plan. Le dijo a Moisés: «Y tú alza tu vara, y extiende tu mano sobre el mar, y divídelo, y entren los hijos de Israel por en medio del mar, en seco» (v. 16 RVR1960).

Eso es justo lo que hicieron los israelitas, flanqueados por muros de agua. «Valientes como el león» (Proverbios 28.1 NTV), atravesaron el fondo del mar y ganaron la otra orilla antes de que los egipcios pudieran rozar su ropa.

Nunca te sientas atrapada. Sé audaz como un león. ¡Y mira cómo el Señor lucha por ti!

Contigo en mi vida, Señor, no tengo por qué temer. Ayúdame a permanecer firme en ti.

Etiquetas

Jabés fue más famoso que sus hermanos [...]. Jabés oró al Dios de Israel, diciendo: «Te ruego que me des tu bendición y un territorio muy grande, que me ayudes y me libres de males, para que yo no sufra». Y Dios le concedió lo que le había pedido.

1 Crónicas 4.9-10 DHH

Todas llevamos una etiqueta, puesta por nuestros padres, compañeros, hermanos, amigos o incluso nosotras mismas. Quizás dice flaca, gruesa, débil, tramposa, adicta, avara, tiburón, pobre, fracasada, etc. Pero la vida ya es bastante estresante como para llevar una insignia de deshonor.

Jabés tenía una etiqueta. Tras un parto difícil, su madre le puso el nombre «dolor». Pero Jabés se negó a verse a sí mismo de esa manera, a ir por la vida con ese nombre inapropiado. Así que oró con todo su corazón a Dios, le pidió que bendijera su vida, le diera más responsabilidades y lo protegiera. Dios le concedió su petición.

¿Qué etiqueta necesitas dejar a los pies de Dios?

Señor, quita esta etiqueta. Ayúdame a verme con tus ojos: bendecida, responsable y protegida.

Cómo prevalecer

Dios los ayudó contra ellos, y los agarenos y todos los que estaban con ellos fueron entregados en sus manos; porque clamaron a Dios en la batalla, y Dios fue propicio a ellos porque confiaron en Él.

1 CRÓNICAS 5.20 NBLA

Los descendientes de Rubén, Gad y Manasés, hombres descritos como «valientes» y «diestros en la guerra» (v. 18 RVR1960), fueron a la guerra contra los agarenos y sus aliados. Pero, durante la batalla, las cosas no debían de ir muy bien, porque los israelitas «clamaron a Dios». ¡Y él los ayudó a prevalecer! ¿Por qué? Porque se apoyaron, se aferraron y confiaron en su Dios.

¿Qué batalla estás librando tú? ¿Has clamado a Dios en busca de ayuda, o estás estresada porque intentas superar el día con tus propias fuerzas? Confía en Dios, aférrate a él, no ignores que él es tu Salvador. Y él te ayudará a prevalecer.

Clamo a ti, Señor, confío en ti con todo mi ser.

Romper el silencio

El Señor detesta el sacrificio de los perversos,
pero se deleita con las oraciones de los íntegros.

Proverbios 15.8 NTV

A veces estamos tan inmersas en los acontecimientos de esta vida física que nos olvidamos de mirar hacia arriba, de recuperar el aliento, de pasar tiempo con Aquel que puede elevarnos por encima de todo el estrés y la incertidumbre que nos abruman. Olvidamos que tenemos un Dios al que le encanta pasar tiempo con nosotros. Un Dios que se deleita en nuestras oraciones. Un Dios que se inclina hacia nosotros, acerca su oído a nuestros labios, deseoso de que digamos algo. Él quiere ayudar, guiar, perdonar, sostener, cargar, proveer y amar.

Debes saber que Dios se alegra de estar contigo y está deseoso de escuchar todo lo que tengas que decirle. Así que despotrica, desvaría, ama, pide, suplica, ruega o simplemente balbucea acerca de cómo te ha ido. Pero acude a Aquel que anhela oír tu voz. Rompe el silencio. Ora.

Señor, gracias por ser un
Dios y amigo maravilloso. Hablemos.

Expectativas

Amen al Señor, todos sus fieles. El Señor cuida de los sinceros, pero a los altaneros les da con creces su merecido. Den ánimo y valor a sus corazones todos los que confían en el Señor.

Salmos 31.23-24 dhh

Es importante que evalúes tus expectativas. ¿Esperas de los demás que te den algún tipo de respiro? ¿Que el dinero caerá del cielo? ¿Que las circunstancias que no puedes controlar cambiarán milagrosamente para bien? ¿O te mantienes cerca de Dios, esperando en él, esperando que se haga cargo no solo de tu situación, sino de todo tu ser: mente, cuerpo, espíritu y alma?

No importa lo que esté pasando en tu vida, sigue orando. Sé como el salmista que le dice a Dios: «Pero yo, Señor, confío en ti; yo he dicho: "¡Tú eres mi Dios!". Mi vida está en tus manos» (vv. 14-15 dhh). Luego mantente valiente y fuerte, esperando y deseando que Dios se involucre en tu situación en cualquier momento.

Nunca me rendiré, Señor. Me quedo contigo, pues sé que tú me sacarás adelante.

Relájate

¿Cómo saben qué será de su vida el día de mañana?
La vida de ustedes es como la neblina
del amanecer: aparece un rato y luego se esfuma.
Lo que deberían decir es: «Si el Señor quiere,
viviremos y haremos esto o aquello».
SANTIAGO 4.14-15 NTV

Somos mujeres. Solemos despertar con un plan mental sobre la ropa que nos pondremos, el trabajo que hay que hacer, las comidas que vamos a preparar, lo que hay que recoger y dejar en casa y las cosas que podremos disfrutar antes de acostarnos. Pero entonces ocurre algo. Un imprevisto, una circunstancia o una obligación nos interrumpen. Sin embargo, seguimos intentando organizar nuestro día siguiendo nuestra agenda, aferrándonos a nuestro plan original con uñas y dientes, provocando estrés dentro y fuera de nosotras.

¡Basta! Relájate. Deja que se queden algunas cosas en el camino. Adopta la actitud de decir: «si el Señor quiere, viviremos y haremos esto o aquello». Y que caiga lo que tenga que caer.

Mi día está en tus manos, Señor.
¡Ahora puedo relajarme!

Su «Una vez más»

Jehová está en medio de ti, poderoso, él salvará;
se gozará sobre ti con alegría, callará de amor,
se regocijará sobre ti con cánticos.
Sofonías 3.17 RVR1960

¿Te sientes sola? ¿Como si cargaras el mundo sobre tus hombros, agobiada? ¿Como si no pudieras soportar ni un día más este estrés? Da un paso atrás y sacúdete las preocupaciones, quítate el mundo de tus hombros. Luego mira justo delante de ti. Dios está ahí. Está ahí contigo, vive, obra y se divierte a tu lado. Sonríe de oreja a oreja, contentísimo de que estés con él. Él va a darte paz con su gran amor, va a librarte de todas las cosas que temes. Y una vez aplicado ese bálsamo, una vez que el estrés ya no te nuble la vista ni te tape los oídos, va a celebrarlo cantando sobre ti.

Da un paso atrás. Mira al frente. «Jehová está en medio de ti». Escucha su canción.

Cántame, Señor. Muéstrame tu amor; alivia mi mente y mi corazón. Haz que vuelva a vivir como hija tuya.

Viento fuerte

Porque Él vendrá como torrente impetuoso,
que el viento del Señor impulsa.
Isaías 59.19 NBLA

Por mucho que el estrés intente ahogarte, hay una fuerza mayor lista para entrar «como torrente impetuoso». Es una fuerza que ningún poder puede resistir: el Espíritu del Señor. Es un viento poderoso, dispuesto a sacarte de las aguas oscuras en las que te encuentres.

Solo tienes que caminar cerca de él; obedecer su mandamiento de amarlo a él con todo tu ser y a los demás como a ti misma; y, por supuesto, orar. No puedes tener ningún tipo de relación con nadie, ni con tu Padre celestial ni con las personas de este mundo, a menos que tengas abiertas las líneas de comunicación, líneas para hablar y escuchar.

Dios está aquí pendiente de ti. Confía en él para que eche cualquier negatividad, mala actitud y factor de estrés fuera de tus aguas. Ora para que su aliento te libere ahora.

Señor, echa fuera mis pensamientos negativos.
Inúndame con tu amor sin fin.

La verdad

Jesús le contestó:
—Yo soy el camino, la verdad y la vida. Solamente por mí se puede llegar al Padre. Si ustedes me conocen a mí, también conocerán a mi Padre; y ya lo conocen desde ahora, pues lo han estado viendo.
JUAN 14.6-7 DHH

En este mundo de «noticias falsas», donde vivimos rodeadas de montones de desinformación, nos da una maravillosa tranquilidad ahondar en la verdad de la Palabra de Dios escrita hace miles de años, en su sabiduría que ha resistido la prueba del tiempo. Qué reconfortante y asombroso es que tengamos acceso y podamos seguir la Palabra que nos revela a Dios Padre, que nos ayuda a conocerlo y a saber lo que quiere que hagamos.

Guarda cerca de tu corazón la verdad, la sabiduría y el conocimiento que te proporciona la Biblia. Grábalo en los muros de tu mente. Aférrate a ella en medio de las pruebas, y encontrarás una paz que sobrepasa todo entendimiento. Mantente en el Camino, apégate a la Verdad y vivirás la Vida que Dios ha planeado para ti y para aquellos que amas.

Tú, Señor, eres mi Verdad.

Solo Dios

Alma mía, en Dios solamente reposa, porque de él es mi esperanza. Él solamente es mi roca y mi salvación. Es mi refugio, no resbalaré [...]. Esperad en él en todo tiempo, oh pueblos; derramad delante de él vuestro corazón; Dios es nuestro refugio.

Salmos 62.5-6, 8 RVR1960

Cuando el estrés llame a tu puerta, acuérdate de tomar aire. Luego calma tu corazón recordándole a tu alma que aguarde en silencio. No ignores que tu esperanza está solo en Dios. Él es la base firme sobre la que puedes mantenerte en pie, la Roca sólida, el Inmutable. Él es quien te salva, una y otra vez. Él es Aquel a quien puedes acudir, el que siempre está ahí para ti.

Gracias a que Dios está en tu vida, nada puede sacudirte. Así que respira. Y entrega tu corazón a Aquel en quien confías. Al que te protege, que es tu refugio definitivo en la tormenta y bajo el sol. Él te espera.

Aquí está mi corazón, Señor. Vengo a ti buscando paz, seguridad, ayuda, un santuario, amor.

La bondad de Dios

¡Qué bueno es Dios con Israel, con los de limpio corazón! Un poco más, y yo hubiera caído; mis pies casi resbalaron. Pues tuve envidia al ver cómo prosperan los orgullosos y malvados.

Salmos 73.1-3 dhh

A veces, cuando nuestros ojos se alejan de Dios, nos encontramos con que se fijan en personas que parecen haber llegado más lejos que nosotras. Son personas menos piadosas que nosotras, pero parecen estar bendecidas. Entonces nos preguntamos qué tenemos que hacer, cuánto más tenemos que trabajar, para tener esa «buena vida». Y nos estresamos tratando de triunfar en este mundo.

Es entonces cuando tenemos que volver los ojos a Jesús y darnos cuenta de que los que viven sin él «morirán» (v. 27 dhh). Sin embargo, nosotras podemos decir: «Pero yo me acercaré a Dios, pues para mí eso es lo mejor. Tú, Señor y Dios, eres mi refugio» (v. 28 dhh).

Señor, sé que es bueno para mí estar cerca de ti. Tú eres mi refugio, mi vida, mi corazón, mi todo.

A rebosar

Que Dios, que da esperanza, los llene de alegría
y paz a ustedes que tienen fe en él, y les dé abundante
esperanza por el poder del Espíritu Santo.

ROMANOS 15.13 DHH

Tener esperanza puede ser un gran elemento contra el estrés. Se trata de dejar a un lado las preocupaciones y centrarse en lo que podría ser. Eso no quiere decir que adoptes una postura soñadora, solo que, mientras esperas, te preguntes qué ocurrirá a continuación. Implica que tomes algún tipo de acción, que des y hagas todo lo que puedas, para que esa esperanza se haga realidad. Pero, al mismo tiempo, debes poner toda la situación, persona, problema o asunto en manos de Dios. Porque en él está tu verdadera esperanza. Pase lo que pase, confía en Aquel que vela por tus intereses, Aquel que lo sabe todo, que ve más allá de lo que tú ves, que hará lo que sea mejor para su creación, para su pueblo, para su planeta.

Mi esperanza está en ti, Señor. ¡Estoy rebosante!

Levántalos

El Señor *me da fortaleza y es mi escudo.*
Mi corazón está dichoso porque él me ayudó,
y ahora lo alabo con mis canciones [...]. Salva a
tu pueblo [...] guíalos y cuídalos para siempre.
Salmos 28.7, 9 PDT

Cuando ya no nos queda nada dentro —ni energía, ni fuerza ni luz—, debemos extender la mano, clamar al que tiene todas las respuestas, al que puede sostenernos seguras en sus brazos hasta que podamos levantarnos de nuevo y seguir adelante, por él.

Así que levanta los brazos hacia el cielo. Invoca a tu Roca, Refugio y Fortaleza. Deja que su poder fluya en ti mientras reposas tranquila y sosegadamente en sus brazos. Confía en él para que se encargue de todo lo que tú no puedes, para que resuelva esas situaciones a las que no les ves salida. Deja que él sea tu fuerza. Luego canta tu alabanza mientras él te devuelve a la luz.

Alzo mis ojos y mis brazos hacia ti, Señor.

Preciosa

Cuando pases por las aguas, yo estaré contigo; y si por los ríos, no te anegarán. Cuando pases por el fuego, no te quemarás, ni la llama arderá en ti. [...] Porque a mis ojos fuiste de gran estima [...]. No temas, porque yo estoy contigo.

Isaías 43.2-5 RVR1960

Cuando estás estresada, sientes que caminas sola. Es como si nadie supiera por lo que realmente estás pasando ni viera lo mucho que estás sufriendo. Te sientes como si te estuvieras ahogando en una inundación y nadie oyera tus gritos. Después de haberte quemado tantas veces, te sientes como si estuvieras caminando sobre el fuego. Te preguntas quién, si es que hay alguien, puede salvarte.

Entonces oyes una voz, sientes un contacto, percibes una presencia. Percibes algo bueno. Es el Espíritu Santo tendiéndote la mano, caminando a tu lado, fuerte y poderoso para salvar. Dios está contigo, y eres preciosa a sus ojos. Graba esta verdad en tu mente.

No temeré, Señor, porque tú estás a mi lado.

Un nuevo camino

Esto dice el Señor, el que hizo un camino en medio del mar, una ruta en medio de las aguas turbulentas [...]. «No recuerden lo que pasó antes ni piensen en el pasado. Fíjense, voy a hacer algo nuevo. Eso es lo que está pasando ahora, ¿no se dan cuenta? Haré un camino en el desierto y ríos en tierra desolada».

Isaías 43.16, 18-19 PDT

Has elegido andar un nuevo camino. Confiar en Aquel que hace un camino donde no se ve ninguno, Aquel que ha perdonado y olvidado todos tus errores.

Así que pon tu mano en la mano de Aquel que está dispuesto a hacer algo nuevo en tu vida. Olvida lo que ha pasado. Mira a Dios con confianza, sabiendo que él ya ha allanado un camino para ti, la preciosa hija a la que ha llamado por su nombre (ver v. 1). Responde a su llamado y avanza en su presencia.

Señor, gracias por ser mi paz y mi vida.

Índice de citas bíblicas

Proverbios

Eclesiastés

Isaías

Nuevo Testamento

Juan

Hechos

Romanos

1 Corintios

2 Corintios

Gálatas